KB271115

MORAL COMMUNITIES

포스트모던 시대의
도덕 공동체

로빈 길 지음 · 김승호 옮김

선학사

포스트모던 시대의 도덕공동체   값 9,000원

2004년 4월 10일 초판 인쇄
2004년 4월 15일 초판 발행

　지은이 로빈 길(Robin Gill)
　옮긴이 김승호
　펴낸이 이찬규
　펴낸곳 **선학사**
　등록번호 제03-01157호
　　주소 140-011 서울시 용산구 한강로1가 141-3
　　전화 02-795-0350
　　팩스 02-795-0210
　이메일 sunhaksa@korea.com
　홈페이지 www.ibookorea.com

　ISBN 89-8072-149-8 93230

:: 역자 서문

본서는 현재 국제적 명성을 얻고 있는 로빈 길 교수의 저작들 가운데 하나이다. 로빈 길 교수는 기독교윤리학자요 종교사회학자로서 1992년 영국 켄트대학(The University of Kent at Canterbury)에 지정된 최초의 마이클 람지 석좌교수직에 임명되었다. 본서는 1992년 저자가 영국 엑시터대학(The University of Exeter)의 프라이덱스 강좌에 초청되어 행한 강의내용을 책으로 엮은 것이다.

기존의 철학과 사회학에서는 종교적 신앙이 이기심 없는 돌봄이라는 사회적 가치를 창조한다는 주장에 대해 회의적인 반응을 보인다. 저자는 이러한 세속주의적 사고에 대해 정면으로 도전하며, 세속학문 분야들(보건서비스, 비즈니스와 경제 및 범죄학)에서 논의되는 도덕적 이슈들이 포스트모던 사회에서도 역시 이기심 없는 돌봄이라는 개념과 직접적인 관련이 있음을 보여주면서, 이러한 이기심 없는 돌봄이라는 가치가 종교적 신앙, 특히 기독교적 신앙으로부터 유래한다는 사실을 밝히 증명하고 있다.

종교사회학자들(특히 세속화 이론가들)은 미래의 교회가 종파적 성격을 가져야 살아남는다고 주장하지만, 저자는 세상과 단절된 종파적 입장을 가진 교회는 사회를 변혁시킬 만한 가치를 발생시키지 못함을 지적하면서, 가치창조 및 사회변혁의 주체자로서의 역할을 감당하기 위해 교회가 선택할 수 있는 몇 가지 구체적인 방안을 제시하고 있다.

현재 한국사회는 모던 이후의 중요한 특징들이 나타나고 있으며, 특히 여러 가치들의 충돌로 말미암아 도덕적 혼란을 경험하고 있다. 또한 한국교회는 교인 수 정체 및 감소라는 수적인 위기상황에 직면해 있으며, 이러한 위기상황의 중요한 원인은 역시 교회가 개 교회의 성장에만 몰두해 왔고 교회 본연의 책임인 가치창조자로서의 역할을 제대로 감당하지 못한 때문이라고 지적할 수 있다. 이런 상황을 잘 분석하면서, 본서는 포스트모던 사회에서조차도 역시 교회가 사회를 이끄는 가치창조자로서 또는 도덕공동체로서 감당해야 할 분명한 역할이 있음을 밝히 보여주고 있다.

모쪼록 본서를 통해서 한국교회의 방향성을 올바로 정립하고자 하는 목회자들과 신학도들 및 평신도 지도자들에게 새로운 도전이 될 수 있기를 바란다. 본서를 저자의 다른 저서인 『포스트모던시대의 도덕적 리더십(Moral Leadership in a Postmodern Age)』과 함께 짝을 이루어 읽는다면, 기독교 사회윤리에 대한 저자의 사상을 더욱 분명하고 폭넓게 이해하게 될 것이라 확신하며 일독을 권한다.

역자의 학문적 스승으로 언제나 역자에게 새로운 도전을 제공해 주며 흔쾌히 본서의 번역을 격려해 준 저자 로빈 길 교수님께 감사를 드린다. 또한 도움을 주신 장로회신학대학교의 노영상 교수님과 본서를 번역하도록 자극을 주었던 장로회신학대학교 및 서울장신대학교 학생들, 목회 사역중에서도 아카데믹 작업을 할 수 있도록 배려해 준 한성교회, 그리고 본서의 출판을 위해 수고해 주신 선학사 가족 여러분께 감사를 드린다.

:: 서 문

1992년 봄 엑시터 대학(Exeter University)에서 네 번의 강의로 구성된 프라이덱스 강좌(the Prideaux lectures)에 처음으로 초청을 받았을 때, 동시에 나는 캔터베리(Canterbury)에서의 취임 강의도 준비되어 있지 않았다. 이윽고 나는 이 상황에 직면할 수 있는 유일한 방법은 두 대학에서 같은 주제의 강의를 전개해 나가는 것이라고 깨닫게 되었다. 그 주제는 도덕 공동체들이며, 특히 도덕 공동체들이 파편화된 사회에서조차도 이기심 없는 돌봄을 행할 수 있는 방법들에 관한 것이다. 현재 모든 종류의 그룹들이 돌봄에 대해서 진지하게 생각하고 있다. 나 역시 이 같은 주제를 다루어야 할 때라는 사실을 깨닫게 되었다. 나는 최소한 신학자가 혼란한 우리 사회에서 도덕 공동체들에 관하여 그리고 도덕 공동체들을 통하여 돌봄을 말하는 것이 적절한가의 여부를 알아보려고 노력해야 한다고 본다.

다소간 원래의 멋을 유지하기 위해서, 나는 의도적으로 강의 형식의 본문을 그대로 살렸다. 달리 이유가 없다면, 그것이 바로 내가 가끔씩 무례한 말을 하는 이유이다 — 내가 말하기를 두려워하는 것은 여전히 내 강의 스타일의 일부이다. 물론, 몇 가지 빼야

할 사항들뿐만 아니라 몇 가지 부가 사항들—특히, 매우 귀중한 유럽가치시스템연구그룹(European Value System Study Group)의 자료—이 있다. 그러나, 기본적인 주장은 변하지 않을 것이다.

또한 강의 형식은 이 작업이 최종 결과물이 아니라 진행중에 있다는 사실을 말해 준다. 나는 여기서 단지 내가 편집하고 있는 케임브리지 대학 출판부의 '기독교윤리학에서의 새로운 연구들(New Studies in Christian Ethics)' 시리즈의 연구논문 개요로서만 제안된 견해들을 더욱 발전시키기를 희망한다. 이 시리즈의 목적은 현재 아카데믹 논쟁들 가운데서 여전히 기독교 윤리학이 주장할 만한 독특한 점들이 있다는 몇 가지 방법들을 보여주려는 것이다.

나는 두 분의 부총장들—엑시터 대학의 해리슨(David Harrison) 박사와 캔터베리에 소재한 켄트 대학의 인그람(David Ingram) 박사—의 격려와 너그러운 환대에 대해 깊은 감사를 표한다. 엑시터 대학의 켓치폴(David Catchpole) 교수와 데이비(Grace Davie) 교수 그리고 켄트 대학의 크라벤(John Craven), 체리(Chris Cherry), 코트(John Court) 교수들, 이 모든 분들로 인해서 나는 많은 실수를 하지 않게 되었다. 엑시터의 주교와 수석사제는 각각 친절하게 내 강의들 가운데 한 강좌씩 의장(chair)을 맡아주었고, 버리지(Richard Burridge), 로간(Alastair Logan), 막캄(Ian Markham) 박사들은 따뜻하게 환대해 주었다. 그들 모두가 함께 이러한 매우 기쁘고 즐거운 기회를 만드는 데 도움을 주었다.

:: 차례 포스트모던시대의 도덕공동체

제1장 왜 돌봄인가?

왜 돌봄인가? 왜 우리가 돌봄을 행해야만 하는가? 혹은, 아마 더 정확하게 말하면, 실로 우리 대부분이 돌봄을 행해 온 이래로, 왜 우리가 돌봄을 행해 왔는가? 자기이해를 넘어서 돌봄을 행하는 근본적인 이유는 무엇이며, 파편화된 사회에서 가장 효과적으로 돌봄을 장려하는 구조들은 무엇인가? 내가 첫번째 강의에서 제기하는 질문들이 바로 이런 질문들이다. 이 질문들은 우리 사회에서 도덕 공동체들의 역할과 기능에 대해서, 그리고 결국에는 도덕 공동체들로서 교회들에 대한 더욱 부가적인 질문들에로 이끈다는 사실을 곧 알게 될 것이다. 도덕 공동체들과 우리의 파편화된 사회에서 이기심 없는 돌봄을 장려하는 그 공동체들의 능력이 바로 전체 네 번 강의의 중심 주제를 구성하고 있다.

그러나, 아마 적절하다고 생각하는 바, 이 강의를 시작하기 전에, 내가 최근에 캔터베리에서 임명을 받은 새로운 석좌교수 직이 마이클 람지(Michael Ramsey)의 이름을 따서 붙여진 직이기 때문에, 잠시 동안 그 분에 대한 추억을 말하려고 한다. 30년 전에 람지가 프라이덱스 강좌(Prideaux lectures)의 최초의 초청강사였다는 것을 알고, 나는 그 사실로 인해 특별한 기쁨을 얻게 되었다. 나는 람지가 돌봄을 실천했던 사람이라는 것을 잘 인식하고 있다. 비록 내가 직접적으로 그 분을 만난 적은 없지만, 나는 그를 세 번 보았다. 첫 번째는 1960년대 중반에 내가 런던 대학의 킹스 칼리지(Kings College)에서 학생으로 있을 때였다. 당시에 '신에게 솔직히 논쟁("Honest to God" debate)'이 최고조에 도달해 있을 때였는데, 마이클 람지는 용감하게 대주교(Archbishop)로서 이 논쟁에 대한 학생들의 질문에 대답하기 위해서 왔다. 그는 확실히 이런 일을 좋아했다. 물론 우리 모두는 아주 나이가 들어 보이는 그가(당시 그는 단지 50대였지만) 자신의 논지를 분명하게 표현할 수 있다는 것에 대해 놀라움을 금치 못했다. 두 번째는 그가 은퇴한 이후에였다. 그는 킹스 크로스(Kings Cross)의 플랫폼에서 깊은 생각에 빠진 사람처럼 서 있었다 — 깊은 생각에 빠져서 A 지점에서 B 지점으로 가는 것의 복잡성에 대해 약간 당혹해하는 듯이 보이면서. 그리고 세 번째는 그의 생애의 마지막 때인 1985년 더람 대성당

(Durham Cathedral)에서 주중의 아침성만찬 예배에서 보았다. 예배 후에 그와 그의 부인은 대성당에서 베일리(the Bailey) 쪽으로 천천히 걸어갔다 — 그들이 매일 아침 그랬던 것처럼. 명백하게 그는 돌봄을 실천한 사람이었다. 본질적으로 람지는 학자였을 뿐만 아니라 목회자였다. 그의 돌봄의 기초는 예배에 있었고, 그에게 가장 중요한 관심은 매일의 삶에서 예배의 함축적 의미들을 실천하는 것이었다. 예배와 기도는 그의 돌봄이라는 개념의 중심을 차지하는 것이었다. 아침예배 후에 부인과 팔짱을 끼고, 천천히 걸어가는 그의 마지막 이미지가 얼마나 인상적이었는지 모른다.

아마도 종교적 신앙을 가진 사람들이 (예배와 돌봄 사이의 : 역자 삽입) 이러한 연결에 대해 더욱 분명하게 말할 때가 다가온 것 같다. 흔히 완전하게 세속사회라고 여겨지는 상황 가운데서, 우리는 때때로 위협을 받는다고 느꼈다. 우리는 우리의 신앙적 헌신들에 대해서, 그리고 우리가 믿기에 그 헌신들을 유지시켜 주는 예배공동체들에 대해서 공공연하게 말하지 않아야 한다고 느꼈다. 우리는 돌봄의 세속적인 설명들에 대해서 도전하는 것을 불편하게 여겼다. 사람들은 돌봄이라는 대가를 치른다. 그것이 그들의 일이다. 한때 돌봄은 소명으로 여겨진 것으로 보였지만, 아마 오늘날은 덜 그렇게 생각되며, 확실히 그것은 어떤 분명한 종교적 의미에서의 소명으로 여겨지지 않고 있다. 만일 우리가 자원해서 돌봄을 행하기로 선택했다면, 그것은 순수하게 사적인 관심의 문제이다. 신앙, 예배, 그리고 공적 돌봄 사이의 공공연한 연결은 우리를 당황하게 만드는 일이며, 부적절한 것으로 여겨진다. 그러한 연결은 사실 영국적인 것이 아니다!

나는 오늘 이러한 가정들 가운데서 몇몇 가정들에 대해서 도전하고 싶다. 내가 주장하려는 것은 사랑의 하나님 안에 있는 믿음은 세속주의보다도 돌봄에 대한 철저한 수행을 위해서 더욱 일관성 있는 논리적 맥락을 제공한다는 것이다. 구조적 차원에서, 나는 또한 예배 공동체들이 파편화된 세상에서 여전히 중요한 선구자들이며, 가치의 전달자들이라는 사실을 주장할 것이다. 논리와 구조라는 조건에서 나는 유대교, 기독교, 이슬람교 모두가 이기심 없는 돌봄이란 점에서, 세속사회에서 많이 발견되는 것보다 더 견고한 기초를 제공한다고 주장할 것이다. 이러한 주장들은 철학과 사회학 분야에서의 몇몇 지배적인 정통적 견해들에 도전하는 대담한 주장들이다. 그러나, 나는 이러한 주장들이 사라지지 않고 오랫동안 지속될 것이라고 믿는다.

1.

람지(Michael Ramsey)는 돌봄이 분명히 열정과 지성 둘 모두를 포함하는 것이라고 생각했다. 그것은 사람이나 그룹이 어떤 특별한 필요가 있다고 하는 본능적인 감정과, 이러한 필요를 충족시켜 주기 위해서 어떤 구조적 변화들이 요구 되는가 하는 이성적 계산, 이 두 가지 모두를 포함하고 있었다. 람지의 특별한 매너리즘 때문에, 현대인들은 람지의 실용적 노선을 과소평가하는 경향이 있었다. 그러나, 그가 헌신(commitments)에 대해서 뿐만 아니라 구조에 대해서도 용의주도한 사상을 제공해 주었다는 풍부한 증거가 있다. 그래서 그는 인종적 정의(racial justice)에 대해서 직관적이며 열정적인 관심이 있었다. 그러나 그는 또한 이러한 정의를 성취하기 위해서 정치적 메커니즘에도 관심이 있었다. 악명 높게도, 그는 1960년대에 스미스(Ian Smith)의 인종차별 정책(apartheid)을 반대하기 위해 제한된 무력 사용을 주장함으로써 상당한 공격을 받아야만 했다. 그는 또한 영연방 이민자 평의회(National Council for Common-wealth Immigrants)의 책임을 맡아 달라는 윌슨(Harold Wilson)의 놀라운 초대를 받아들임으로써, 인종 차별주의자들의 공격과 조롱을 받아야만 했다. 데일리 익스프레스(The Daily Express) 신문은 과거와 현재 대주교들에 대한 그러한 응징은 특히 남용하는 것이었다고 말한다. 람지에 대해 쓴 오웬 체드윅(Owen Chadwick)의 장엄한 일대기[1]는 윌슨(Wilson)과 칼라한(Callaghan)으로 이어지는 전사 같은 람지를 보여주면서, 그리고 "이민법의 구속을 타도하자: 영국을 브라운 칼라로 지키자"라는 슬로건을 전하면서, 커밍스 카툰(the Cummings cartoons)을 그대로 복사하고 있다. 사람들은 대주교인 람지에게 열정과 민감성을 기대했지, 상세하고 논쟁적인 구조적 처방을 기대하지는 않았다. 그러나 그러한 처방이 바로 정확하게 돌봄이 요구하는 것이다. (돌봄은) 열정과 지성, 느낌과 계산, 그리고 이타주의와 실용주의의 혼합을 요구한다.

아마 이러한 혼합은 오로지 자기이해에 기초된 돌봄의 언급들에서 놓치고 있는 점일 것이다(실용주의에 기초해서 뼈대가 갖추어진 것이든지 그렇지 않은 것이든지 간에). 이러한 언급들에 따르면, 우리는 우리 자신에게 이익이 되기 때문에 돌봄을 행한다. 이러한 이익은 의심할 여지없이 때때로 개개인이 돌봄으로부터 얻는 기쁨과 같은 단기간의 이익일 수 있다. 혹은 그러한 이익은 장기간의 이익일 수도 있다. 우리는 우리가 노인이 되었을 때 돌봄을 받아야 할 필요가 있기 때문에 노인들을 돌본다. 만일 존 롤스(John Rawls)의 의견을 따른다면, 그러한

---

[1] Chadwick, O., *Michael Ramsey: A Life*(Oxford University Press, 1990).

계산은 복잡한 무지의 베일을 포함하는 것이다.[2] 우리는 우리 자신이 돌봄을 필요로 하는 사람이 아닐 것이라고 전혀 확신할 수 없기 때문에 돌봄을 행한다. 행운은 변화하고 우리는 곧 우리 자신이 불행한 사람들 가운데 있다는 것을 발견하게 된다. 5년 동안 대학펀드평의회(University Funding Council)의 자금이 삭감되고 연구 선별성이 시행되면서, 캔터베리 여행객들에게 다가가서 말을 거는 알코올에 중독된 거지는 바로 람지 교수일지도 모른다. 당신은 (그를) 전혀 알지 못한다! 그러한 이론에 근거한 돌봄은 단순히 자기이해의 확장된 형태이다.

심지어 돌봄에 있어서 자기이해의 정당화를 위한 종교적 의견들이 있다. 다른 세속적인 보상과 처벌이 때때로 이런 식으로 사용되어 왔다. 만일 당신이 다른 사람들에게 돌봄을 행한다면 하늘로부터 보상을 받을 것이기 때문에, 당신은 돌봄을 행해야 한다. 혹은 부정적으로 말하면, 만일 당신이 돌봄을 행하지 않는다면 지옥에 갈 것이기 때문에, 당신은 다른 사람들을 돌보는 편이 낫다. 이런 식으로 본다면 돌봄은 일종의 영원한 생명보험정책이 된다. 꽤 효과적이긴 하지만, 그리 도덕적인 것은 아니다.

그러한 언급들에서 놓치고 있는 점은 도덕적 열정이다 ……

---

[2] Rawls, J., *A Theory of Justice* (Harvard University Press, 1971, pp.136-142).

그렇게 하기 위해서 그것이 우리 자신에게 개인적 이익이 되든지 안 되든지 간에, 도덕적 열정은 무엇이 잘못되었고 바로잡을 필요가 있는가에 대한 중대한 확신(어떤 사람들은 그것을 직관이라 말한다)을 말한다. 나는 람지가 도덕적 이슈들에 관한 그의 공개적인 몇몇 입장들로부터 개인적으로 대단한 만족을 얻었다고는 생각하지 않는다. 그는 그러한 입장들이 자신에게 상당한 고뇌를 불러일으켰다는 인상을 주었다. 경건하고 전통적인 민감성은 확실히 더 쉬운 태도임에 틀림없다. 그는 보편주의자(universalist)로서 이기적인 종교적 형태들을 제공하지 않았다. 자신의 정치적 입장들이 정당하다고 증명하는 것들(justifications) 가운데, 하늘의 보상과 처벌은 없는 듯 했다. 또한 그는 남반구에서 사회적 정의에 대한 관심은 결국 북반구에서 경제적 혜택을 거둘 것이라고 주장하는 브란트 보고서(Brandt Report)의 도덕적 실용주의도 주장하지 않았다.[3] 오히려 그가 주장하려는 듯이 보이는 것은 단순히 인종차별 정책과 같은 정치적 시스템들이 잘못되었다는 것이며, 비록 우리가 그렇게 하기 위해 많은 대가를 치른다고 해도 그러한 시스템들은 반대되어야만 한다는 것이었다.

지성적으로 도덕적으로 돌봄이 흥미진진하게 되는 것은 돌

---

3 Brandt Commission, *North-South: A Programme for Survival* (Pan, 1980).

봄을 행하는 것이 불편할 때이다. 포옹하고 싶은 동물을 돌보는 것은 쉬운 일이다. 빌붙는 사람들(Springer spaniels)을 돌보는 것이 나의 특별한 약점이다. 화를 잘 내는 사람을 돌보는 것은 아마 극히 어려울 것이다. 돌봄에 대해서 긍정적으로 반응하는 동물들과 사람들을 돌보는 것은, 본능적으로 그렇게 할 수 없거나 그렇게 하려고 하지 않는 동물들과 사람들을 돌보는 것보다 본능적으로 더 쉬운 일이다. 그러나 우리사회는 자기 자신의 즉각적인 혹은 장기간의 이익을 넘어서서 다른 사람들을 돌보는 사람들에 대한 이야기들이 많이 있다. 아주 심한 장애가 있는 사람들을 돌보는 사람들이 있다. 알츠하이머 증후군(Alzheimer' syndrome)으로 인해 뒤틀려 있는 사람들을 돌보는 사람들이 있다. 이중으로 자제할 수 없는 사람들을 돌보는 사람들이 있다. 법적으로 미친 사람, 혹은 정신 나간 사람들을 돌보는 사람들이 있다. 가난한 마약 남용자들을 돌보는 사람들이 있다. 더욱 더 우리사회는 매일 이타주의와 실용주의를 결합시키는 보통 사람들이 많이 있다. 그들은 자신들이 열렬하다고 느끼기 때문에 돌봄을 행하며, 자신들의 돌봄의 효율성에 대해서 지속적이며 돌봄으로 가득 찬 사고를 가지고 있다. 이런 모든 것을 자기 이해에 지나지 않는 것으로 묘사하는 것은 특히 잘못된 일이다. 그러한 묘사는 우리 눈과 귀의 증거를 무시하는 것이다.

이것은 우리의 도덕적 행동의 대부분이 자기이해에 의해서 오염되어 있다는 것을 부정하는 말은 아니다. 실천적인 기독교인들은 예배의 매 행위에서 이것을 기억하고 있다. 심지어 우리가 아주 선하게 되려고 노력할 때조차도, 교만과 이기적인 죄악들이 이것을 방해한다. 우리는 우리 자신이 선하게 되어가고 있다는 사실에 대해서 잘난 체 하기 시작한다. 그리고 우리는 그러한 우리의 모습이 전혀 선하지 않다는 것을 알게 된다. 비록 내가 이 강좌에서 '사심 없는 돌봄(selfless care)'이라는 용어를 사용할 때조차도, 나는 돌봄이 완전히 사심이 없을 수는 없다는 사실을 잘 인식하고 있다. 그러나, 우리의 도덕적 행동이 자기이해에 의해서 오염되어 있다는 사실을 인정하는 것은 우리가 오로지 자기이해를 벗어나서만 행동할 수 있다는 사실에 동의하는 것은 아닌 것이다.

명백하게 어떤 이들이 믿기 어렵다고 생각하는 것은, 돌봄을 행하는 사람들이 그 돌봄을 행하는데 있어서 순수한 자기이해와는 다른 이유를 가질 수 있다는 것이다. 그러나 만일 선이 단순히 자기이해와 동등하다고 한다면, 자기이해를 넘어서는 선에 대한 분명한 경우들은 있을 수 없다는 것이다. 모든 외적인 것들에도 불구하고 그리고 거기에 포함된 모든 언급들에도 불구하고, 결국 모든 것은 자기이해로 간주된다. 심지어 자기이해가 분명하지 않을 때조차도, 그것은 여전히 거기 있음에 틀림

없다. 만일 오로지 미래에 대한 어떤 오래가는 희망만이 천국에서의 보상이라면, 그보다 더한 사실은 자기이해가 도덕적 행위의 가능성 있는 유일한 설명임에 틀림없다는 것이다. 우리는 인간으로서 단기간의 자기이해, 장기간의 자기이해, 종교적인 자기이해, 영원한 자기이해라고 불려지는 것의 이러한 자기이해들로부터 벗어나서 행동해야 한다는 사실을 믿도록 요청받고 있다.

그 때 의심이 시작된다. 명백하게 자기이해와 생존을 위한 필요를 넘어서는 더 큰 무엇이 있다. 만일 그들이 보통 사람들의 도덕적 행위에 대해 자신들의 눈을 뜬다면, 민감성을 가진 사람은 어떻게 이와 다르게 생각할 수 있겠는가? 계속해서 감사를 표현하는 사랑스러운 노인들을 돌보는 것은 쉬운 일이다. 그러나 많은 사람들의 경우는 그러한 감사가 그친 이후에도 계속해서 돌보아야 한다는 것이고, 심지어는 되받아서 비난하는 그러한 때조차도 계속해서 돌보아야 한다는 것이다. 자기이해를 넘어서는 선은 많은 숨겨진, 그리고 사적인 방법들로 행해진다. 어떤 것들은 더욱 더 눈에 보이는 것들이다. 예를 들면 아주 단기간에 호스피스 운동은 돌봄의 상징이 되었다. 그러한 호스피스 운동은 20세기의 금기(taboo)라고 하는 죽음과 죽어가고 있는 사람들에게 공개적인 접근을 개척했을 뿐만 아니라, 고통을 감소시키는 약의 사용에 대한 태도를 바꾸어 주었고, 또

난치병 환자들에 대한 환경을 적절하게 해 주도록 상황을 바꾸어 주었다. 난치병 환자들은 더 이상 컨설턴트들에게 넘겨지는 의료실패자들로서가 아니라, 의료적, 사회적, 도덕적 필요를 가진 사람들로서 여겨지게 되었다. 그 운동은 매우 깊이 기독교적 뿌리를 가지고 모든 종류의 사람들에게 자신들의 삶을 더욱 더 많은 돌봄에 바치도록 설득해 왔다. 심지어 분명한 세속사회에서 조차도 확실히 우리 곁에서 자기이해를 넘어서서 행하는 선에 대한 많은 증거들이 있다.

2.

이런 사실은 앞으로 몇 년이 지나면 더욱 분명하게 될 것이다. 20세기 종교적 신앙의 많은 부분이 후퇴해 온 듯 하다. 도덕적 행위에 대한 종교적 설명들은 흔히 연약한 마음을 가진 사람들을 위한 버팀목들로서, 혹은 지성적으로 의심스런 것으로 간주되어 왔다. 최근에 로렌스 쥬리(St Lawrence Jewry)에서 행한 강의에서 조지 케리 대주교(Archbishop George Carey)는 도덕적 행위에 대한 눈에 띄게 미흡한 설명들이 어떻게 20세기 전반부에 종교적 설명의 자리를 차지해 왔는지를 보여주었다. 그 당시에 버트란드 러셀(Bertrand Russell), 아이어(A.J. Ayer)

및 다른 이들이 도덕성은 단지 감정들에만 기초 되어 있다고 주장했다. 마치 그것은 러셀 자신의 도덕적 확신을 묘사하기 위해 충분한 기초인 것처럼 주장했다.

그러나 도덕철학자 테일러(A.E. Taylor)는 중요한 예외였다. 그는 1920년대 후반부에 세인트 엔드류스 대학(St Andrews)에서 행한 자신의 기포드 강의(Gifford Lectures)에서, 역사에 있어서의 한 순간은 우리 자신의 시대와 다르지 않다고 말했다. 사회적, 정치적 소란이 많이 있었다. 사람들은 러시아와 유럽에 대해 걱정을 했다. 심각한 경제불황, 비고용, 그리고 심지어 많은 조소주의가 있었다. 그러나 테일러는 자신의 친절하고 심오한 강의를 "한 도덕주의자의 신앙(The Faith of a Moralist)"이라고 제목을 붙였다. 이 강의들 가운데서 특별하게 나의 관심을 끈 것 중에 하나는 이 강의들이 "선(goodness)"의 문제를 진지하게 다루었다는 것이다. 더욱이 테일러가 칸트를 좋아했음에도 불구하고, 그는 마침내 도덕성과 종교적 신앙은 서로 긴밀하게 연결되어 있다고 주장했다. 그는 이러한 사실을 다음과 같이 강력하게 표현했다:

"그것은 '존재(is)'로부터 '당위(ought)'의 분리를 초월하기 때문에, 도덕적 삶 그 자체는, 기껏해야 도덕성 그 자체에서 최상의 것(what is best)에 대한 근원과 영감으로써, 명확하게 도덕성이 아닌 종교라고 불려져야 하는 그 무엇을 가리키며, 실천적인 선한 삶과 하나님에 대한 믿음 사이의 연결은 칸트가 허용하려 했던 것보다 훨씬 더 직접적이며 생기가 넘치는 것이다. 나는 도덕성이 종교 없이도 존재 할 수 있다는 사실에 대해 의심하지 않는다. 훔치거나 거짓말을 하거나 혹은 간음하거나 그 같은 짓을 하지 않도록 가르침을 받은 무신론자는 아마도 보통 상황에서 하나님을 믿는 사람들보다도 더하지도 덜하지도 않게 삶에 있어서 정직하게 생계비를 벌고, 진실을 말하고, 깨끗하게 살 수 있을 것이다. 그러나 만일 무신론자가 세상에 대해 깊이 있는 견해를 가지고 논리적이고 진지하며, 이 무신론자와 똑 같은 상태의 신자가 있다면, 이 두 사람 중에 누가 돌이킬 수 없는 뜻밖의 슬픈 재난을 인격의 정화와 확대를 위한 수단으로 만들 수 있을 것인가 하는 것을 나는 알고 있다고 생각한다."[4]

물론 60년 이상이 지난 이후인 지금, 다소간 테일러의 언어는 낡은 것처럼 보인다. 그러나 그의 견해들은 낡은 것들이 아니다. 그는 믿음이 부족하다고 주장하는 많은 사람들이 마치 그들이 믿음을 가지고 있는 것처럼 효과적으로 산다는 것을 아주 잘 인식하고 있었다. 그는 믿음이 있다고 주장하는 우리 같은 사람들이 항상 이러한 믿음대로 살지는 못한다는 것을 잘 인식하고 있었다. 테일러는 겉치레를 보여주지 않았다. 차라리 그가 주장

---

4 Taylor, A.E., *The Faith of a Moralist: Gifford Lectures Delivered in the University of St Andrews* (Macmillan, vol.1, 1932, pp.155-6).

했던 것은 이러한 신앙 없이 행하는 것 보다는, 신앙의 눈을 통해 보여질 때 (구조적으로 뿐만 아니라 논리적으로) 도덕성이 더 잘 이해된다고 믿을 수 있는 일관된 지성적 이유들이 있다는 것이었다. 그는 자신의 많은 동료 철학자들의 비관주의를 잘 인식하고 있었다. 결국 러셀(Bertrand Russell)은 파워의 정점에 서게 되었다. 그러나 그는 마침내 도덕적 행위에 대한 그들의 순전한 세속적 언급들을 확신하지 못했다.

테일러에게 자기 이해를 넘어서는 선은 실제적이며 지성적으로 흥미 있는 것이었다. 그것은 넘어서는 것(beyond)을 가리켰다. 더욱이 그에게 그것은 "'존재(is)'로부터 '당위(ought)'의 분리를 초월하는", 사랑의 하나님에 의해서 창조된 세계를 뜻했다. 만일 세상이 진실로 사랑의 하나님에 의해서 창조되었다면, 우리가 우리 주변에서 희미하게 보는 자기이해를 넘어서는 선은 어떻게 사태(things)가 그렇게 되어야만 하는가(ought)에 대한 지시자가 될 수 있다. '존재(is)'의 순간들, 특히 자기이해에 의해서 덜 오염되어 있는 그러한 순간들에서, 우리는 '당위(ought)'를 희미하게 볼 수 있다. 피조물은 창조자의 의도를 희미하게 볼 수 있다. 이것들 중에 그 어떤 것도 무신론자에게는 가능한 것이 아니다. 테일러가 믿었던 것처럼, 신자만이 이러한 독특하고 더욱 심오한 단계에서 도덕성을 생각할 수 있다.

또한 자기이해를 넘어서는 선의 문제는 그 당시 몇몇 중요한 사회 과학자들에 의해서도 인식되었다. 그들 가운데 뛰어난 사람은 확실히 토니(R.H. Tauney)임에 틀림없다. "영국 윤리적 사회주의(English Ethical Socialism)"라는 최근 그들의 책에서, 데니스(Norman Dennis)와 홀시(A.H. Halsey)는 토니(Tauney)를 '윤리적 사회주의의 위대한 현대적 스승으로 묘사한다: 그는 우리가 이해하려고 한 그 전통에 대해서 가장 완전한 표현을 제공했다. 그에게 있어서 전통은 개인적 성취의 정점 그리고 논쟁의 가장 이해할 만한 범위에 이르는 것이다.'[5]

데니스와 홀시 이 두 사람은 2차 대전 직후에 런던정경대학(London School of Economics)에서 토니의 지도하에 사회학을 공부했다. 비록 그들이 그 당시 대학의 학부 학생들이었지만, 그들은 한 지성인으로서 뿐만 아니라 한 인간으로서의 토니를 알기 위해 왔다. 그들은 이 두 가지 차원에서 확실히 그를 존경했다. 토니는 평등의 가장 위대한 지성적 챔피언이었고, 많은 보수당과 자유당 당원들뿐만 아니라 노동당의 많은 리더들에게 심오한 영향을 끼쳤다. 또한 그는 매우 단순한 라이프 스타일로 살았던 위대한 인격적 겸손을 가진 한 사람이었다.(오늘날 우리는 의심할 여지없이 그를 '생태주의자(Green)'라고 부른다). 마이클 람지(Michael Ramsey)의 멘토인 윌리엄 템플

---

[5] Dennis, N. and Halsey, A.H., *English Ethical Socialism: Thomas More to R.H. Tawney* (Oxford University Press, 1988, p.2).

대주교(Archbishop William Temple)와 저녁정찬을 즐길 때, 그는 여러 시간 동안 정치와 신학에 대해서 논의를 했고, 마침내 책장 뒤에서 아주 말라버린 샐러드가 담긴 접시 두 개를 끄집어 내었다.

초기 저서들에서 토니는 자신의 평등과 복지에 관한 견해들과 사랑의 하나님에 대한 자기 자신의 강한 믿음 사이의 연결에 대해서 완전하게 이해하고 있다는 것을 보여 주었다. 그에게 있어서 그것은 우리 모두가 사랑의 하나님의 자녀들이며, 그 또한 우리가 서로 평등하게 대해야 하며 또 필요한 때에 우리가 서로를 돌보아야 한다는 것을 그가 믿었기 때문이었다. 그러나 영국이 서서히 점점 더 세속화되어 가는 듯함에 따라, 수년 후에 토니는 종교에 대해서 많은 언급을 하지 않았으며 공공 가운데서 자신의 도덕적, 정치적 견해들을 정당화 하는 경향이 있었다. 그가 자신의 기독교적 신앙을 잃어 버렸는가? 그의 사적인 일기들은 그가 분명하게 그렇지 않았다는 것을 보여 준다. 그는 자신의 도덕적 비전의 중심에 이 신앙이 놓여 있다는 것을 확신했다. 그것은 자기이해를 넘어서는 선이었다.

토니의 유산은 영국의 사회 사상가들의 다음 세대에까지 이어졌다. 데니스와 홀시 그들 스스로가 이것을 증거하고 있다. 또한 리챠드 팃머스(Richard Titmuss)가 쓴 '재능관계(The Gift Relationship)'[6]라는 책에서 이타주의에 대한 훌륭한 연구가 있었다. 팃머스가 자신의 연구에 결론을 내린 지 20년 후에, 그가 그렇게 웅변적으로 썼던 것에 관한 일종의 행위에 대해 분명한 보기들이 다수 있었다. 매우 큰 규모의 라이브 원조콘서트(Alive Aid Concert)나 도움이 필요한 어린이들을 위한 후원들(the Children in Need Appeals)은 오늘날 영국에서 공적인 이타주의가 사라졌다는 말과는 거리가 멀다는 것을 보여주었다. 당신은 순수한 이타주의에 대한 메시지로 총선에서 이기지 못할 수도 있지만, 당신은 여전히 진정으로 제3세계를 원조하기 위해서 수백만 파운드를 모을 수가 있다.

또한 상담분야에서 폴 할모스(Paul Halmos)에 의한 영향력 있는 연구가 있었는데, 그는 자극적으로 '상담자들의 신앙(The Faith of the Councellors)'이라는 제목의 책을 저술했다. 대개 세속 상담자들은 신앙이 훌륭한 상담과는 무관한 것으로 생각했기 때문에, 이러한 할모스의 제목은 틀림없이 자극적인 것이었다. 상담은 순수하게 세속적인 일이다. 만일 내담자들이 신앙을 원한다면, 그들은 상담자 대신 성직자에게 가야 한다. 이와 반대로, 할모스는 훌륭한 상담의 중심에는 아가페, 혹은 이러한 맥락에서 자기이해를 넘어서는 돌봄이라는 기독교적 견해로부터 직접 파생되는 '돌봄'의 개념이 있다고 주장했다. 더욱 더

---

6 Titmuss, R.M., *The Gift Relationships: From Human Blood to Social Policy* (London, 1970).

자극적으로, 할모스는 상담자들이 자신들의 업무에 본질적으로 따라오는 도덕적 가치들을 숨기기 위하여 특수한 과학 용어들을 사용한다고 주장했다.

할모스는 정신과 의사들, 정신요법가들, 임상심리학자들 및 사회사업가들을 언급하기 위해 "카운슬러(counselor)"라는 용어를 널리 사용했다 — 그들 모두는 할모스가 '불간섭(non-intervention) 그리고 무관련(non-involvement)의 훈련'이라고 언급했던 것을 표면상으로 받아들였다: 그들은 직업상의 일을 하는 동안, 당연히 자기 환자들에 대한 도덕적 결점들을 노출시키지 않고 그들 자신의 개인적 결점과 반감들을 숨기도록 기대되었다.[7] 할모스는 '직업적으로 행하는 것', 카운슬러들에 의해서 변호되는 겉으로 보기에 객관적인 기술들 및 "불간섭"의 언어는 모두가 겉치레의 말이라는 것을 확신하게 되었다. 그것들은 '신앙', 거의 '종교적 신앙'을 숨기는 데 도움을 주었다:

"도우려는 자신의 노력을 유지함으로써, 상담자는 증명하고, 입장을 취하고 그리고 희망을 선언하는 것처럼 보인다. 모든 상식적인 표준들에 의하면, 내담자가 고쳐지지 않을 것 같을 때에는, 사실상 상담자가 "당신은 가치 있는 존재입니다" 그리고 "나는 당신의 질병을 싫어하지 않습니

---

7 Halmos, P., *The Faith of the Counsellors* (Constable, 1965, p.2).

다" 라고 말하는 것도 소용이 없다. 실패를 인정하지 않는 이러한 도덕적 자세는 신앙을 가지고 있거나 그들이 행하고 있는 일의 풍성함 가운데서 일종의 완고한 자신감을 가진 그런 사람들에게만 가능한 것이다. 그러나 상담자들이 자유롭게 고백하는 전부는 단순한 테크닉, 공들인 직업적 에티켓, 혹은 직업화된 친절함의 순수한 괘변이다."[8]

할모스의 관찰은 자기 스스로 신학적 책임의 입장에서 쓴 것이 아니기 때문에 더욱 더 흥미진진한 관찰이었다. 그가 관찰한 것은 상담자들에 의해 표현된 이론적인 입장과 그들의 실제적인 실천 사이의 차이였다. 상담이 실제로 행해질 때, 좋은 상담이란 동정, 부드러운 돌봄, 혹은 내가 말하는 바 자기이해를 넘어서는 선(goodness beyond self-interest)을 필요로 하는 듯 했다. 그러나, 고전적 정신분석에서 매우 결정적이었던 불간섭과 무관련의 이론들은 이와는 다르게 지시하는 듯 했다. 이러한 명백한 차이의 결과로써, 할모스는 자신이 상담에서 '비지시(non-directiveness)의 픽션'이라고 불렀던 것과 지배적인 에토스(ethos)의 원자론적 세속주의를 경멸하는 데 전혀 어려움이 없었다. 만약에 그것을 이용할 수만 있었다면, 할모스는 도덕적 중용만을 보여주면서, 비지시의 예언자이며 성직자의 괴로움

---

8 *ibid*. p.6.

인 칼 로저스(Carl Rogers)의 초기실물 교육용 상담 영화들
중에 하나를 잘 사용할 수 있었을 것이다.

돌봄에 종사하는 여러분들은 할모스가 여러 단계들에서 묘사
했던 이율배반에 대해서 철저하게 인식할 수 있을 것이다. 성적
으로 적극적인 13세 아동을 인터뷰하는 의사(the GP)는 그것을
민감하게 이해할 수 있을 것이다. 성적인 난잡함은 잠재적으로
의료적으로 위험한 일이며, 어린 여자아이는 여러 가지 다른방
법들로 자기 자신을 위험에 빠뜨리고 있다. 그러나 그 소녀의
자신감을 필요로 하는 의사는 또한 '도덕주의적인(moralistic)'
것으로 보이는 것에 대해 걱정을 하며, 물론 십대의 임신에
대해서도 두려워하고 있다. 자궁암, 에이즈, 임신, 깨어져 버린
비밀 및 심리적 피해, 이 모든 것들은 혼란스런 배열에서 함께
만난다. 그러나 의사는 비판적이지 말아야 한다. 그녀는 '전문적
이고', '자유로우며', '임상적'이어야 한다. 그러나 그녀는 그렇지
못하다. 그녀는 돌보고 있으며 깊이 염려하고 있다. 그러한
상황들에서, 훼방을 놓는 감정들로서 '돌봄'과 '염려'가 어떻게
빨리 잊혀질 수 있는가 하는 것을 이해하는 것은 쉬운 일이다.
그것들은 그렇게 할 수 있지만—단지 값비싼 대가를 치른다.

3.

이 특별한 철학자들과 사회과학자들이 주장하는 것은 선 (goodness), 특히 자기이해를 넘어서는 선은 순수하게 세속적인 사고에 대해 문제들을 야기 시킨다는 것이었다. 몇몇 학자들에게, 그 문제들은 논리적 문제들이었고, 다른이들에게 그 문제들은 구조적 문제들이었다. 더욱이 그들은 흔히 자기 의식적으로 세속적이었던 지성적 환경에서 이것을 주장했다.

여기서 몇몇 예기치 않은 병행들이 있다. 만일 결백한 고통 (innocent suffering)이 특히 사랑의 하나님을 믿는 사람들에게 문제가 된다면, 이와 비슷하게 자기이해를 넘어서는 선은 사랑의 하나님을 믿지 않는 사람들에게 역시 문제가 될 것이다. 더욱이 만일 신학자들이 때때로 결백한 고통의 문제를 경시하거나 무시하는 경향이 있어 왔다면, 반대로, 몇몇 세속주의자들 역시 자기이해를 넘어서는 선의 문제를 경시하거나 무시하도록 유혹을 받아 왔다. 단순히 자기이해를 넘어서는 선이 존재하지 않는다거나 혹은 매우 다른 용어들로 설명 될 수 있다고 주장함으로써, 세속주의자는 실제로부터 도망갈 수 있다. 우리는 신학자들이 이렇게 행하는 것을 비난하는 것에 대해 익숙해져 왔으나, 아마도 이 과정에서 우리는 몇몇 놀랄 만한 세속적 회피들을 간과해 왔을 것이다.

이것은 이타주의적 돌봄이 사랑의 하나님을 믿는 사람들의 유일한 영역이라는 것을 의미하는가? 그 대신 그것은, 비록 세속주의자들이 때때로 이타주의적으로 행동한다 하더라도, 그들이 그렇게 행하는 것이 무엇이든지 간에 이성적 정당화를 제공해 줄 수 없다는 것을 의미하는가? 나는 확실히 이러한 것들 가운데 어느 한쪽을 주장하고 있는 것은 아니다. 더욱 신중하게, 나는 세속주의보다도 몇몇 신앙 전통들이 돌봄을 장려하기 위해 더욱 효과적이며 오랜 세월을 가진 공동체들일 뿐만 아니라 자기이해 없는 돌봄을 위해 더욱 일관된 설명을 제공한다는 것을 주장하고 있다. 그러나 심지어 이러한 더욱 더 조심성 있는 형태에서조차도, 그러한 제안은 최근까지 학문 사회에서 우스꽝스러운 것으로 여겨져 왔던 것이다.

그러나 지금 정치적, 사회적 상황은 아주 빠르게, 아주 급진적으로 변화해 왔다. 이데올로기적 세속주의는 과거에 가지고 있었던 힘을 더 이상 갖고 있지 않다. 구 소련연방(the old Soviet Union)의 몰락으로, 무신론적 막스주의는 매우 적은 사람들만이 고수하고 있다. 내가 세 번째 강의에서 보여주기를 원하는 것으로써, 포스트모더니즘의 파편들은 모더니즘의 세속적 확실성들보다도 더 뚜렷한 것 같다. 그리고 오늘날 과학자들은 한 세대 전에 많은 과학자들이 그렇게 주장했던 것처럼, 그리고 리차드 도킨스(Richard Dawkins)나, 심지어 때때로 스테판 호킹(Stephen Hawking)같은 과학자들이 오늘날도 여전히 그렇게 주장하는 경향이 있는 것처럼 과학적 지식이 지식의 유일한 유효 형태라는 것을 덜 빈번하게 주장한다. 우리는 냉혹하게 이것을 도킨즈-호킹 신드롬(Dawkins-Hawking Syndrome)이라고 부를 수 있다. 이 신드롬은 과학이 삶의 질문들에 대해 모든 의미 있는 해답을 제공할 것이라는 과학적인 믿음을 완전히 따르지는 않으면서, 과학에 대한 아주 뚜렷한 공헌을 내포하고 있다. 아이러니하게도, 이 과정에서 과학은 빠르게 과학주의(scienticism)에로 빠진다. 도킨즈 혹은 호킹의 과학적 공헌들에 대한 나의 경외심은, 두렵게도, 나 자신의 분야에 대한 공헌들에서의 비슷한 경외심과 필적할 만한 것이 못 된다.

도킨즈 호킹 신드롬에도 불구하고, 오늘날 내가 만나는 대부분의 물리 과학자들과 사회 과학자들은 자신들의 일이 가치중립적이 아니라는 것을 인정한다. 또한 그들은 과학정보기술의 생산품들이 이 세상에 이로운 것뿐만 아니라 해로운 것도 가져올 수 있다는 것을 점점 더 인식하고 있다. 리오 컨퍼런스(the Rio Conference) 이후에, 어떻게 누가 이와 다르게 생각할 수 있겠는가? 심지어 어떤 사람들은 과학이 일종의 신앙 ― 실로 세상은 이성적이며 과학자들 스스로가 신뢰를 받아야 한다는 그 신앙 ― 을 필요로 한다는 리차드 니버(Richard Niebuhr)의 말에 동의 할 수 있다. 새로 발견된 미완성 유고집에서, 니버는 다음과 같이 주장했다: '과학이라는 단어는 대부분의 사람들에게 자신들이 직접적인 지식을 갖고 있지 않은 대상들에 대한 아주 큰 신념들의 몸체를 나타낸다. 그러나 그들은 과학자들을 신뢰하기 때문에 큰 확신을 가지고 이러한 신념들을 유지하고 있다.'[9]

풍자의 감정보다 더한 감정을 가지고, 그는 다음과 같이 썼다:

"믿음은 단연코 우리의 지성적 각오와 일상 행동들의 기초의 핵심적인 부분을 구성하고 있는 듯이 보인다. 과학과 지식에 대해서 경의의 제목을 붙여 주기를 좋아하는 본성(nature)에 대한 우리의 이해는 교육받지 못한 사람들에게서처럼 많은 교육 받은 사람들에게 주로 믿음의 문제이다. 비전의 직접성 같은 그런 것을 가지고, 그들은 태양계나 별들, 요소들과 그 요소들의 원자 무게들, 원자들과 그 원자들의 핵(Nuclei)의 구조, 박테리아와 바이러스들, 혹은 심지어 그들 자신의 신체와 정신의 생리학적, 심리학적 과정들에 대해서 자신들이 가지고 있는 그러한 진리들을 거의 알지 못한다 — 우리는 권위 위에서 이러한 진리를 가지고 있다. 그 권위는 과학자들 공동체의 권위, 의사들의 권위, 교사들의 권위, 그리고 전공논문이나 백과사전의 저자들의 권위 위에서."[10]

---

9 Niebuhr, H.R., *Faith on Earth: An Inquiry in the Structure of Human Faith* (ed., Niebuhr, R.R., Yale University Press, 1989, p.41).

10 *ibid.* p.34.

더욱 최근에, 철학자 스테판 클락(Stephen Clark)이 "영혼들의 의회(A Parliament of Souls)"라는 자신의 매혹적인 책에서, 만일 과학이 적절하게 자용하려면, 그것은 이성의 매우 높은 교리 ― 그가 믿기에 창조주 하나님에 대한 개념과 완전하게 일치하는 교리 ― 를 필요로 한다고 주장한다.

세속주의에 대한 광범위한 비판을 하면서, 클락(Clark)은 특히 과학주의와 환원주의의 현대적인 형태들에 대해 다음과 같이 묘사하고 있다:

"자유주의자들이 가치있게 여기는 '인권'은 뚜렷하게 인간 동물들(human animals)이 멸망하는 짐승들과 뚜렷하게 다른 것이 없는 그러한 신 없는 우주에서는 명백하게 익숙한 것이 아니며, 전통적으로 지금 '나의' 몸과 재산, '나의' 과거와 미래, '나의' 업적과 견해들이라고 불려지는 것은 단지 현재의 언어학적 일치에 의해서만 '나의 것'(mine)이 된다."[11]

점점 더 과학자들은 윤리학의 주장들에 직면하고 있다. 소설가요 과학자인 스노우(C.P. Snow)는 한 세대 전에 이것을 성공적으로 보여주었다. 나는 특히 "새로운 사람(The new man)"이라는 그의 소설을 생각하고 있는데, 그 소설에서 그는 야심적인

---

11 Clark, S.R.L., *A Parliament of Souls: Limits and Renewals* 2 (Oxford University Press, 1990, p.159).

과학자들이 어떻게 그들의 인생을 대중 살상용 무기들을 발명하는데 헌신할 수 있었는지, 그러나 결국 과학적인 중용의 깃발 아래에서 그것들을 사용하는데 대한 도덕적 책임을 회피할 수 없었는지를 보여 주었다. 스테판 클락은 다시 이것을 신랄한 문장으로 잘 표현하고 있다:

"현대과학은 그것의 창시자들에게 억압을 부과하며, 반드시 매우 존경할만한 사람들에게만 그렇게 하는 것은 아니다. 우리는 영리함과 도덕적 품성을 아주 쉽게 구분할 수 없으며, '훌륭한 과학자'는 일종의 도덕적 결점을 가지고 있을 수 있다고 주장할 수도 없다. 긍정적으로 훌륭한 과학자가 되기 위해서는 어떤 사람이 다소간 현실적인, 혹은 가정된 덕들(virtues)을 가질 필요가 있다. 어떤 과학자들이 자신들은 훌륭한 시민이나 훌륭한 사람들이 아닌 훌륭한 과학자가 될 수 있다고 상상하는 것과, 과학의 전문적인 요구들이 인간에게 어떤 대가를 요구한다 해도 항상 복종 해야 한다는 것은 불행한 일이다."[12]

물리 과학자들과 사회 과학자들에 대한 내 자신의 경험은 대개 더욱 긍정적이다. 나는 다음 번 강의에서 이에 대해서 더 말할 것이다. 한 세대를 지나는 동안, 비즈니스 윤리학뿐만

---

[12] *ibid.* pp.47-8.

아니라 의료윤리학, 그리고 현재 기술 윤리학은 진지한 안건의 한 부분이 되었다. 생명기술(Bio technology)같이 빠르게 개발되는 분야는 특히 새로운 윤리적 딜레마들을 생각나게 한다. 우리가 캔터베리에서 이러한 열정의 심오한 변화를 세울 수 있다는 것이 나의 확고한 희망이다. 신학과 철학분야에서 우리 몇 명은 최근에 응용 윤리학 센터(a Centre for Applied Ethics)를 조직했다. 이 센터의 주요 목적은 대학 내에 있는 여러 학문 분야들을 교차하여 윤리적 대화를 격려하는 것이다

그러나, 요컨대 '신학적으로 친근한 환경'으로써 현대의 대학을 묘사하는 것은 시기상조일 것이다. 많은 학자들에게, 신앙 전통들은 더 이상 공격을 받지 않지만, 그러한 신앙 전통들은 단순히 시대 착오주의자들로서 간주된다 — 확실성의 시대로부터의 유물. 도덕적 가치들은 관련된 당사자들이 그 도덕적 가치들에 동의를 하는 한 존재하는 단지 임시적인 계약들일 수 있다.

내가 믿기로는 기껏해야 기독교 윤리학은 훨씬 더 도전적인 그 무엇을 말한다. 유대교 윤리학 및 무슬림 윤리학과 함께, 기독교 윤리학은 세속적 상대주의와는 아주 대조적으로 도덕성과 신앙 사이 그리고 이 둘과 이들을 장려하고 보존하는 도덕 공동체들 사이에 친근한 관계가 있다는 것을 주장한다. 이후의 세 번의 강의에서, 나는 다소간의 이러한 친근한 관계들을 더욱

꺼내어 놓기를 희망하며, 더욱이 나는 이러한 꺼내어 놓는 작업 (unpacking)을 캔터베리에서 내 연구의 주요 항목으로 삼으려고 한다. 세속적인 환경에서, 이러한 고대의 신앙 전통들이 논리와 구조들의 비상하고 강력한 결합을 제공한다는 것을 흔히 놓쳤다. 나는 그 신앙 전통들이 흔히 상상 되는 것보다 훨씬 더 세속적인 상대주의에 대해 일치하는 도전을 제공해 준다는 것을 보여주려고 한다. 요컨대, 이러한 신앙 공동체들은 대개 우리가 우주를 바라보는 방식 및 우리가 양육을 받는 공동체들이 우리가 우리의 이웃을 다루어야 하는 방식과 직접적인 연결점을 가지고 있다고 주장한다. 하나님을 사랑하는 것은 우리 이웃을 사랑하는 모든 것과 관계되어 있고, 우리의 이웃을 사랑하는 것은 우리가 하나님을 사랑해야 하는지 말아야 하는지, 그리고 우리가 어떻게 하나님을 사랑해야 하는지에 대해서 많은 것을 우리에게 말해 준다.

세속주의와는 달리, 대개 이러한 신앙 전통들이 주장하는 바는 세상이 궁극적으로 돌봄을 행하시는 하나님에 의해 창조된 것처럼, 돌봄을 행하는 개인과 세상 사이에 대칭을 이루고 있다는 것이다. 인간의 돌봄은 하나님의 돌보심의 표현 혹은 거울로서 보여진다. 그것은 궁극적으로 의미 없는 세상을 부정하기 위한 용감한 시도가 아니라, 우리가 믿기에, 우리가 세상의 창조주에 의해서 행하도록 부름을 받은 활동을 말한다. 이것

자체로, 이것은 돌보시는 하나님의 존재를 위한 충분한 주장이 아니다. 만일 논리가 이런 식으로 사용된다면, 논리는 너무나 순환적이 될 것이다. 어떤 경우에, 나는 몇몇 사람들이 예배나 기도에 대해서 다소간의 부가적인 경험 없이 하나님의 존재에 관한 주장들을 믿는다는 것이 의심스럽다. 도리어 내가 주장하는 바는 돌보시는 하나님에 대한 믿음이 돌보는 자들로서 우리에게 매우 일치하는 도덕적 맥락을 제공해 준다는 것이다. 유대인들과 기독교인들과 무슬림들은 다같이 우리가 이미 사랑의 하나님에 의해서 돌봄을 받고 있기 때문에, 우리도 틀림없이 다른 이들을 돌봐야 한다는 것을 주장하는 경향이 있다. 자기이해 없는 돌봄은 가장 심오한 차원에서 우리가 사태(things)를 믿는 방법의 표현이다.

더욱 뚜렷하게, 기독교 윤리학은 대개 그리스도 안에서의 선(Goodness)과 하나님 되심(Godness) ― 말하자면 ― 이 결합된다고 주장한다. 그리스도는 우리에게 하나님의 사랑의 선물로서 보여진다. 그러므로, 우리가 할 수 있는 자기이해를 넘어서는 어떤 선은 우리가 아니라 우리를 통해서 그리스도께서 일하시는 것이다. 그것은 선한 우리가 아니다 그것은 선하신 하나님이시다 그리고 그것은 그리스도 안에서 선한 우리를 통하여 일하시는 하나님이시다. 또한 기독교 윤리학은 '선을 행하는 것'(doing good)이 단지 선을 행하는 것에 관한 것만이 아니라, 사랑의 하나님의 뜻을 행하는 것에 관한 것이라고 주장한다. 가장 깊은 차원에서, 우리는 우리의 삶에서 더욱 더 하나님같이 되기를 추구한다. 여기서 바로 기도와 직접적인 연결 점이 있다. 기도하는 가운데서, 듣기를 추구하고, 하나님의 뜻을 분별하기를 추구하며, 하나님의 세상에서 도덕적 존재들로써 우리가 어떻게 행동해야만 하는가를 새롭게 숙고하기를 추구한다.

4.

아마도 이 모든 것은 너무 인지적인 듯 하다. 돌봄은 단지 사고(thinking)에 관한 것만이 아니라, 또한 행함(doing)에 관한 것이다. 그리고, 지속적으로 하는 이기심 없는 돌봄은 조성될 필요가 있으며, 더 진전될 필요가 있다. 그것은 내적 논리뿐만 아니라 거기에 필적하는 사회 구조들을 필요로 한다. 이러한 구조적 단계에서 역시, 유대인들, 기독교인들, 무슬림들은 파편화된 세상에 제공할 무언가 중요한 것을 가지고 있다.

유대교 윤리학 및 무슬림 윤리학과 함께, 기독교윤리학은 대개 "공동체들"에 관해서 강력한 주장을 한다. 기독교인이 되는 것은 다른 이들과 함께 나누는 것에 관한 것이다. 예배

가운데서 함께 나누고, 돌봄에 있어서 함께 나누고, 깨어진 세상을 치유하기 위해 함께 나누는 것이다. 심지어 파편화된 세상에서 조차도, 우리는 그러한 선(goodness)을 사랑의 하나님—우리의 속 좁은 자기 이해들을 넘어서서 우리를 손짓해서 부르시는 하나님 …… 그리스도 안에서 우리 개개인을 돌보시는 하나님—의 표시로서 어렴풋이 볼 수 있다.

이러한 주장들에 관련된 사항들은 어떻게 도덕적 가치들이 사회에서 조성되고 유지되는가에 대한 많은 가정들이다. 윤리학자들은 놀라울 정도로 이러한 것들에 대해 거의 관심을 두지 않았다. 그러나 특히 도덕적 가치들이 친근하게 그리고 위험스럽게 종교 기관들과 연결되어 있다고 하는 것은 프랑스 지성인들이 오랫동안 주장해 온 가정들 중의 하나였다. 대중이 도덕적 비전과 사회적 통합을 유지하기 위하여 종교 기관들을 필요로 할 수 있다는 것은 볼테르(Voltaire), 꽁트(Comte), 뒤르깽(Durkheim)과 사르트르(Sartre)의 저작들에서 나타나는 가정이다. 지성인들로서, 그들은 자기들 스스로 종교에 대한 인지적 주장들을 전혀 확신하지 않았으며, 그들 각자는 한때 종교적 기관들이 널리 불신을 받았을 때, 사회의 안정성에 대해 비관적으로 흐르는 경향이 있었다. 종교의 허식들은 대중들에게 유용한 것으로 생각되었다.

반대로, 나는 그와 같은 것을 주장하고 있는 것이 아니다.

나는 종교적 신념에 대한 그들의 회의론을 믿지 않는다. 더욱이 나는 종교 기관들의 사회적 영향력에 대한 그들의 확신에도 동조하지 않는다. 나는 마지막 두 강의에서 포스트모던 세상에서 우리는 종교 기관들과 종교적 신념들이 사람들을 결속시켜 줄 뿐만 아니라 사람들을 분리시킬 수도 있다는 사실을 잘 인식하고 있다고 주장할 것이다. 그것들은 사회적, 도덕적 순응을 촉진시킬 수 있으나, 그것들은 또한 저항과 급진적인 사회변화를 장려할 수도 있다. 그리고 어떤 경우에는, 한때 교회들과 더욱 분명하게 연결되었던 사회에서는 그러한 것들이 도덕적 유산들일 것이다. 기독교적 가치들—자기이해 없는 돌봄을 포함하는—은 심지어 교인들의 수가 감소했을 때 조차도 몇 세대 동안 계속해서 유지될 수 있다. 베버의 저작은 이 두 가지 가능성 모두를 제안했다. 나는 네 번째 강의의 마지막 부분에서 이 문제를 다룰 것이다.

심지어 파편화된 포스트모던 세상에서조차도, 종교 공동체들이 여전히 도덕적 선구자들로서 행동할 수 있다는 것을 관찰하기에는 충분한 것 같다. 비록 종교 공동체들이 항상 자신들이 전달하는 가치들을 확대하지 못한다 하더라도, 그들은 여전히 가치들의 운반자들 일 수 있다. 그리고 이러한 가치들은 여전히 구별되는 것들이며, 세속사회의 가치들과는 다른 것들이다.

이러한 제안을 뒷받침하는 최근의 몇 가지 실험적인 증거가 있는 듯하다. 최근까지, 대개 기독교적 헌신—신념의 형태이든, 교회출석의 형태이든—은 사람들의 도덕적 신념에 거의 영향을 끼치지 못했다고 종교사회학자들에 의해서 주장되어 왔다. 기술적인 용어로, 기독교적 헌신은 독립적 사회변수로서보다는 더욱 종속적 사회변수로서 간주되었다. 가끔씩 그와는 반대되는 표시들이 있었다. 예를 들면, 대중관찰조사(Mass-Observation)는 1947년에 500명의 런던 시민들에게 행한 설문조사의 결과로 다음과 같이 결론을 내렸다. 인생의 목적에 대해 질문을 받았을 때, '비신자들은 선을 행하는 것(doing good), 혹은 선하게 되는 것(being good)이 가장 중요한 것이라고 말하는 경향이 훨씬 적었다(7%에서 20% 정도); 그리고, 기쁨과 행복이 인생에서 가장 중요한 것들(26%에서 18%)이라고 말하는 경향이 훨씬 더 많았다.[13] 그러나, 그런 힌트들은 드문 일이었다. 세 가지의 새로운 연구들이 이런 상황을 완전히 바꾸어 놓았다.

1991년에 챨스 더글라스 홈 메모리얼 재단(the Charles Douglas-Home Memorial Trust)으로부터 수상경력이 있는 로살리 오스몬드(Rosalie Osmond)는 600명이 넘는 전문직 직업인들과 학생들에 대해 갤럽조사를 의뢰했다.[14] 이로부터 그녀는

---

13 Mass-Observation, *Puzzled People: A Study of Popular Attitudes to Religion, Ethics, Progress and Politics in a London Borough* (Victor Gollancz, 1947, p.106).

도덕적 태도들에 있어서 정기적으로 교회에 출석하는 사람들이 그렇지 않은 사람들과는 매우 다르다는 것을 알았다. 정기적인 교회출석자들의 91%는 '인생은 의미 있는 패턴을 형성한다'고 생각했다. 반면에, 전혀 교회에 출석하지 않는 사람들의 36%와 자신들을 무신론자라고 주장하는 사람들의 24%만이 이와같은 견해를 가지고 있었다. '인생의 주요 목적은 자아를 실현하는 것이다'라는 분명하게 쾌락주의적인 진술에 직면해서, 단지 정기적인 교회 출석자들의 19%만 이에 강력하게 동의했고, 이것은 교회에 전혀 출석하지 않는 사람들의 43%와 무신론자들 가운데 41%와는 뚜렷하게 구별되는 것이었다. 또한 교회 출석 자들은 교회에 출석하지 않는 사람들보다도 더 "교회가 개인적 인 문제들 — 낙태, 결혼, 이혼, 혼외문제(extra-marital affairs), 동성애, 안락사 — 에 관해 안내를 해 주어야 한다"는 것을 현저 하게 믿는 경향이 있었다.

레슬리 프란시스(Leslie Francis)에 의해 아주 비슷한 패턴이 4,700명이 넘는 3, 4학년 중고생들에 대한 최근의 질문조사에서 발견되었다.[15] 스팩트럼의 마지막 두 끝을 비교하면서 — 정기

---

[14] Osmond, R., *The Unknown, Remembered Gate: Christian Culture and Morals in England Today* (awaiting publication-quoted with kind permission of the author).

[15] Francis, L.J., *The Teenage Soul* (awaiting publication- quoted with kind permission of the author).

적으로 교회를 출석하는 신자들과 교회에 등록을 하지 않은 무신론자들ㅡ프란시스는 처음 그룹의 80%가 '나는 인생이 진실로 살만한 가치가 있다고 생각한다'는 진술에 동의한 반면, 둘째 그룹의 67%만이 그 같은 대답을 했다는 사실을 발견했다. '나는 내 인생이 목적의식을 가지고 있다고 느낀다'라는 진술에 응답하여, 두 그룹 사이의 차이는 훨씬더 커서 각각 74%와 41%였다. 모든 것 중에가장 두드러진 것은, 정기적인 교회 출석자들의 18%만이 '나는 때때로 자살을 고려해 보았다'고 보고된 반면, 교회에 등록을 하지 않은 무신론자들의 30%가 그런 대답을 했다는 것이다. 대부분의 도덕적 이슈들(혼전 성관계, 이혼, 낙태, 불법적인 마약의 사용)에 관해서, 첫째 그룹은 둘째 그룹보다 더 도덕적인 경향을 보여주었다. 놀랍게도, 동성애의 이슈에 관해서만 그들의 견해들이 서로 비슷했다(다섯 명 중에 두 명은 동성애가 잘못된 것이라고 생각했다). 법과 질서의 이슈들에 관해서, 첫째 그룹은 항상 둘째 그룹보다 더욱 도덕적 견해들을 표명했다.

그러나, 가장 풍부한 데이터의 근원은 유럽가치시스템연구그룹(European Value Systems Study Group)에서 나타난다. 이 그룹에 의해서 제시된 두 개의 질문지 형식의 설문 조사들ㅡ1981년에 성인 1,231명과 1990년에 성인 1,483명으로 구성된ㅡ은 오늘날 영국에서 신앙과 돌봄 사이의 가능한 연결들에 대해서 독특한 통찰력들을 제공한다.[16] 두 개의 샘플은 정기적으로 교회에 출석하는 사람들이 기독교적 믿음의 표준 항목들과 다양한 도덕적 관심 사항들 이 모두에서 뚜렷한 입장들을 가지고 있다는 것을 시종일관 보여주고 있다. 또한 그 샘플들은 봉급이 지급되지 않는 자원봉사 사역에 종사하는 사람들이 그런 일에 종사하지 않는 사람들보다 믿음과 실천이라는 조건에 있어서 전형적으로 더욱 종교적이라는 사실을 보여준다.

　정기적으로 교회에 출석하는 사람들은 정기적으로 교회에 출석하지 않는 사람들보다 기독교적 믿음에 있어서 더욱 '정통적(orthodox)'이라는 사실은 너무 놀라워서 발견하기 어려운 그런 일이 아니다. 심지어 1947년의 대중관찰조사(Mass-Observation)조차도 교회 출석자들(대체로 지난 6개월동안 교회에 출석했던 사람들로써 해석된)은 사후에 대한 그들의 믿음의 정도, 그리스도의 신성 및 동정녀 탄생에 있어서, 교회 출석을 하지 않는 사람들과는 다름을 발견했다. 1990년 데이터를 사용하면, 최소한 한 달에 한번 교회에 출석한다고 진술한 사람들은 "전혀" 혹은 "실제적으로 전혀" 교회에 가지

---

16 Abrams, M., Gerard, D., and Timms, N., eds., *Values and Social Change in Britain: Studies in the Contemporary Values of Modern Society* (Macmillan, 1985); and Timms, N., *Family and Citizenship: Values in Contemporary Britain* (Dartmouth, 1992); additional statistics have been kindly provided by Dr David Barker of the European Value Systems Study Group.

않는다고 말하는 사람들과 다음과 같은 점에서 다르다: 비출석자들의 56%만 하나님을 믿는 반면, 출석자들의 96%가 하나님을 믿는다. 출석자들의 74%가 죽음 이후의 삶을 믿으며, 이것은 비출석자들의 31%와 구별된다. 출석자들의 48%가 지옥의 존재를 믿지만, 비출석자들의 16%만 이것을 믿는다. 출석자들이 79%가 천국을 믿지만, 비출석자들이 40%만 이것을 믿는다. 출석자들의 88%가 죄의 존재를 믿지만, 비출석자들이 58%만 이것을 믿는다. 출석자들의 66%가 죽은 자의 부활을 믿지만, 비출석자들의 18%만 이것을 믿는다.

물론, 그런 질문들과 응답들은 다듬어지지 않은 것들이며, 약간의 미묘함 혹은 개인적인 뉘앙스를 허용한다. 그것은 대중설문조사(Mass questionnaires)가 통계적인(그리고 통제할 수 있는) 조건들에서 비교 변수들의 이익에 대해 값을 치르는 대가(the price)인 경향이 있다. 그럼에도 불구하고, 그것들은 확실히 대부분의 교회 출석자들에 대해 분명한 것을 증명해 준다. 직접적으로 혹은 심지어 간접적으로, 점점 더 적은 인구 비율이 교회에 관련된 그런 사회에서(35~44세 나이 그룹의 58%와 64세 이상 나이그룹의 82%와는 대조적으로, 18~24세 나이그룹의 31%만이 자신들이 '가정에서 종교적으로 양육 받았다'고 보고되었다), 혹자는 교회 출석자들과 비출석자들 사이에 나타나는 뚜렷한 기독교적 믿음의 차이점들을 기대할 수 있다.

그러나, 도덕적 이슈들에 관한 여러 가지 차이점들은 또한 종교적인 사람들과 비종교적인 사람들 사이에 나타나고 있다. 여러 가지 도덕적 이슈들에 대해서 스스로를 '종교적인 사람'(1990년 샘플의 54%)으로 생각한 사람들은 대체로 그 샘플과는 달랐다. 만일, 1에서 10까지의 눈금 위에서, 1은 어떤 행위가 전혀 정당화되지 않는다는 것을 가리키고, 10은 그 행위가 항상 정당화된다는 것을 가리킨다면, 동성애의 이슈에 관해서 종교 그룹은 대체로 샘플의 3.55와는 구별되는 3.01을 기록했다. 매춘의 이슈에 관해서는 그 차이가 3.09와는 구별되는 2.63을 보여주었다. 안락사 문제에 관해서는 4.72와는 다른 4.21이었고 낙태에 관해서는 4.50과는 다른 4.03이었다. 그런 차이들은 남자와 여자 사이에서 나타나는 차이점들보다 더욱 뚜렷한 것이다.

실천뿐만 아니라 높은 믿음의 항목들을 합한 '종교적인 헌신'이라는 보다 좁은 개념을 사용하면서, 데이빗 제라드(David Gerard)는 1981년 샘플에서 더욱 예리한 도덕적 차이점들을 탐지했다. 이 샘플에서 5명 중 1명이 '종교적으로 헌신된' 사람으로 나타났다:

"종교적인 사람들은 …… 자신들의 육친(immediate family)을 넘어서는 원인을 위해서 자신들의 인생을 기꺼이 희생하려는 마음을 가리키는 것으로 나타난다. 5명 중 1명은 다른 사람의 생명을 구할 준비가 되어 있고, 열 명 중에 한 명 이상이 자신들의 종교를 위해 그렇게 할 준비가 되어 있다. 종교적이지 않은 사람들과 비교할 만한 수치들은 7명 중 1명이며 또한 100명 중 1명이다. 종교적 응답자들은 결혼제도에 대해 더 높은 가치를 부여하는 경향이 있었고, 종교적이지 않은 사람들보다 더 강하게 공유된 가치들의 중요성을 강조하는 경향이 있었다. 비슷하게 그들은 비교적 결혼에서의 신실성에 더 큰 강조점을 두었고, 또한 6계명과 9계명에 대한 자신들의 응답을 숙고했으며, 혼외문제(extra-marital affairs)에 대한 정당화가 부족한 것에 대해 숙고했다.”[17]

도덕적 이슈들의 전체 시리즈에 걸쳐서, 데이빗 제라드(David Gerard)는 ‘그 결과들이 종교적 헌신(기질과 제도적 애착 둘 모두에서)과 도덕적 전망 사이에 긍정적인 연합의 존재를 확증해 준다’고 결론지었다.[18] 이것은 정확하게 내가 이 강의에서 탐구하려고 하는 바로 그 주제와 꼭 맞는 것이다.

여전히, 인간적인 문제들에서 인과 관계들은 수립되기 어려운 것이다. 그것은 이미 교회에 출석 하도록 이끌려지는 도덕적 신념들을 선언했던 사람들이라는 것이 이론적으로 가능하다. 이 이론 위에서, 교회들은 돌보는 태도를 가지고 사람들을 양육

---

17 Abrams, Gerard and Timms, *op. cit.*, pp.83-5.
18 *ibid.*, p.86.

하기 보다는 사람들에게 매력을 주는 곳이다. 비록 이러한 이론적 가능성이 결코 완전히 불신을 받는 것은 아니지만, 솔직하게 그것을 뒷받침하기 위한 실험적 증거가 없다. 더욱이, 개종(religious conversion)에 관한 대부분의 사회학적 연구들은 어떤 종류의 윤리적 반성보다 훨씬 더 중요한 것으로서 삶의 변화들을 보는 경향이 있다.

만일 태도보다 행위가 조사된다면, 매우 비슷한 패턴이 나타나는 듯 하다. 다수의 공동체 연구들[19]은 정기적인 교회 출석자들이 기관들을 돌보는데 있어서 불균형적으로 나타난다고 주장했다. 그것은 확실히 호스피스 숍(hospice shop)에서, 노인들을 위한 자원봉사 기관에서, 그리고 심지어 직업적인 돌봄의 기관들에서 교회 출석자들의 역할을 조사하기 — 예를 들면, 내가 사는 캔터베리에서 — 위한 흥미있는 연구가 될 것이다. 물론 이러한 돌봄의 기관들 중에 어느 것도 정기적으로 교회에 출석하는 사람들 혹은 자신들 스스로를 그리스도인들로 주장하는 사람들에 의해 배타적으로 운영되지는 않고 있다. 그것은 내가 말하려는 요점이 아니다. 그것은 단순히 활동적인 기독교인들이 그런 일들에서 불균형적으로 나타나는 듯이 보인다는 것이다.

---

[19] e.g. Sissions, P.L., *The Social Significance of Church Membership in the Burgh of Falkirk* (The Church of Scotland, Edinburgh, 1973).

유럽가치시스템 설문조사(The European Value Systems sur-veys) 역시 이것이 그렇다는 것을 제안한다. 이 양쪽의 조사들에서 급여를 받지 않는 자원봉사 사역에 종사하는 사람들은 그렇지 않은 사람들보다 더욱 현저하게 종교적이었다. 그래서 1990년 샘플에서 자원봉사자들의 27%가 최소한 일주일에 한 번 교회에 간다고 주장했다(비자원봉사자들의 9%와는 구별되는 것으로); 77%가 하나님을 믿었다(69%와는 구별되는 것으로); 55%는 죽음 이후의 삶을 믿었다(40%와는 구별되는 것으로); 44%는 죽은자의 부활을 믿었다(28%와는 구별되는 것으로); 44%는 "인격적인 하나님"을 믿었다(29%와는 구별되는 것으로); 70%는 '가정에서 종교적으로 양육을 받았다'(56%와는 구별되는 것으로); 그리고 66%는 자기들 스스로를 '종교적인 사람'이라고 주장했다(50%와는 구별되는 것으로). 단지 자원 봉사자들의 3%만이 스스로를 '확고한 무신론자'로서 주장했고(비 자원봉사자들의 4%와는 구별되는 것으로), 단지 30%만이 자신들은 '전혀' 혹은 '실천적으로 전혀' 교회에 출석하지 않는다(51%와는 구별되는 것으로)고 진술했다. 가장 놀라운 사실은, 1981년 샘플을 종교적 헌신의 범위로 사용하면서, 데이빗 제라드(David Gerard)는 '합한 규모에서 가장 높은 영역에 있는 사람들의 절반 가량이 자원봉사 사역을 감당했다. 가장 낮은 영역에 있는 사람들 가운데 거의 십분의 구 정도가 아무런 헌신도

하지 않았다'는 사실을 발견했다.[20]

　1990년 샘플의 더 높은 비율(23%)이 자신들은 1981년(19%)보다 더 자원봉사 사역에 관련되어 있다고 진술했으나,1990년 질문조사에서는 자원봉사 사역의 더 많은 영역들이 응답자들에게 제안되었다. 이런 이유 때문이든지 아니면 종교적 헌신에 있어서의 점진적인 감소 때문이든지 간에, 1981년에서 1990년 사이에 교회 출석(37%가 1981년에 최소한 주 1회 교회 출석한다고 주장했다)과 자원 봉사자들 가운데서의 믿음, 이 두 가지 모두에서 감소의 증거가 있다. 그러나, 그들은 거의 모든 종교적 척도에서 비자원봉사자들과는 매우 다른 모습을 보여주었다.

　1981년 샘플에서 다양한 역행 기술들을 사용하면서, 데이빗 제라드는 최소한 월1회 예배출석은 어떤 사람이 자원봉사사역에 관계되어 있는지 아닌지를 예측하는 데 있어서 가장 중요한 변수라고 주장했다.[21] 한때 이 변수는 이타주의와 사회계급의 일반적인 표현들보다 더 상당히 중요한 변수였다. 심지어 종교 그룹들, 낡은 스타일의 복지/젊은이 그룹들, 혹은 새로운 스타일의 그룹들(교육/예술 ; 인권 ; 자연보호/동물)이 행하는 자원봉사사역 사이에 구별이 이루어질 때조차도, 종교적 요소들은

---

20 Abrams, Gerard and Timms, *op. cit.*, pp.84.

21 *ibid.*, p.220.

중요한 것으로 여겨졌다.

이러한 모든 것은 교회그룹들이 우리사회에서 여전히 돌봄을 장려하는 중요한 기관들이라는 사실을 보여주는 것이다. 교회 그룹들은 주로 우리에게 보이지 않는 방법들로 돌봄의 선구자들과 수행자들일 수가 있다. 정확하게 말해서 돌봄의 기관들이 포괄적(inclusive)이기를 원하기 때문에, 그 기관들에 포함된 사람들의 종교적인 헌신들은 무명으로 남아 있는 경향이 있다. 물론 그것들은 나 같은 성가신 학자들에 의해 자세히 조사될 때까지 말이다.

여기서 오늘날 영국에서 종교기관들의 역할에 대한 다소간의 우리의 무지를 설명 할 수 있는 관찰되는 과정이 있다. 비교적 새로운 호스피스 운동은 여전히 명백한 종교적 관련성을 가지고 있다. 그러나 사마리아인들(Samaritans), 릴레이트(Relate), 익명의 알코올 중독자들(Alcoholic Anonymous), or 보호 서비스(the Probation Service) 같은 오래된 기관들은 그들 자신의 종교적 뿌리들을 경시하는 경향이 있다. 그 기관들은 포괄적이기를 원하며, 돌봄에 있어서 종교적으로 헌신 된 사람들과 헌신되지 않는 사람들이 똑같이 돌봄에 포함되기를 원하기 때문에 그렇게 할 수 있다. 1990년 유럽가치시스템 설문조사에 나타난 데이터는 다시 이러한 가설을 뒷받침해 주는 듯 하다. 자원봉사 사역에의 관련성을 예측하는데 있어서 매우 중요하게 여겨지는 종교적 변수들이 있음에도 불구하고, 실제로 포함된 변수들은 이러한 작업을 행하는데 있어서 항상 자세하게 종교적인 원인들을 제공해 주지는 않았다. 만일 약 3분의 1이 자신들의 종교적 신념을 언급했다면, 그들은 '지루한 시간'에 대해서 말하거나 '자기만족'을 가지기를 원하는 사람들이었고, 그들은 '의무감'이나 '공동체에 대한 공헌', 혹은 단순히 '동정'에 대해 말했던 사람들의 약 두 배가 되었다.[22]

이 과정에서 심지어 분명하게 종교적인 운동들 조차도 점진적으로 다른 사람들에게 세속적 돌봄의 기관들로 보여질 수 있다. 나는 미국 대학의 종교학과 학생들 가운데서 구세군을 단순히 집 없는 사람들에게 자원을 공급하는 세속기관으로 생각하고 있다는 사실을 알고서 놀라움을 금치 못했다. 그리고 젊은 영국의 퀘이커 교도들 가운데서는, 때때로 구세군을 단순히 평화운동으로 간주하는 경향이 있다. 그러나, 외부의 세속성은 흔히 세속적인 내부보다 덜 속일 수 있다. 우리는 우리 사회 안에서 돌봄의 종교적 맥락을 소극적으로 진행해 온 경향이 있었다는 것은 그렇게 놀라운 일이 아니다.

---

[22] Timms, *op. cit.*, p.31.

5.

나는 이 강의 전체를 그려 보아야 한다. 나는 종교적 전통들이 순수하게 세속적인 사회에 의해서 공급되는 것보다 더 돌봄을 위한 일관된 논리적, 구조적 맥락을 공급할 수 있는 세가지 중요한 방법들이 있다고 믿는다.

이것들 가운데 첫 번째는 믿음에 의존한다. 만일 인생이 우리가 인생에 쏟아 붓기를 선택하는 의미를 넘어선 어떤 의미가 부족하다면, 돌봄이 금방 자기 이해에로 무너진다는 것은 아마도 그리 놀라운 일이 아닐 것이다. 반대로 유대교, 기독교, 이슬람은 대개 그들의 추종자들에게 자기들 스스로를 넘어서서 인생을 바라보도록 격려한다. 이들 각각의 종교는 자기 이해를 넘어서는 선을 격려하며(더욱이, 대부분의 인도의 종교전통들이 하는 것처럼), 그러한 선을 세상이 사랑의 하나님에 의해 창조된 방법의 반영으로써 간주한다.

둘째는 공동체에 의존한다. 흔히 유대교, 기독교, 이슬람은 각각 신앙 공동체들을 위한 필요를 강조해 왔다. 그들에게 종교적, 도덕적 비전들은 공동체들을 통하여 전달된다. 그들은 단순히 개인으로부터 개인에게 이성적인 원리들을 주장하지는 않는다. 그들은 소속감(belonging)을 통하여 많은 것을 얻는다. 세 종교 전통들의 스토리들, 신화들, 경전들, 제의들(rituals)

과 예전들(liturgies)은 각 전통의 추종자들에게 명백하거나 명백하지 않은 가치들의 강력한 선구자들과 수행자들로서 역할을 감당한다.

셋째는, 예배에 의존하며, 첫째와 둘째 요소 사이 및 논리와 구조들 사이에 결정적인 연결을 제공해 준다. 종교 공동체들은 사회 내에서 결코 유일한 도덕 공동체들만을 의미하는 것은 아니다. 비행을 저지르는 갱들 역시 강력한 믿음과 구조를 가지고 있다는 것은 사회학에서 오랫동안 알려져 온 사실이다. 침략 전쟁들 역시 도덕적 가치들의 강력한 발생원인들(engenders)로서 작용하며, 사람들은 유별나게 응집력 있는 공동체들(이전 세대들이 잘 기억하는 바와 같이) 속으로 결합될 수 있다. 20세기의 그러한 매우 세속적인 우상들인 히틀러와 스탈린은 둘 다 그들의 추종자들 가운데서 일어난 도덕성의 중요한 변화들에 대해서 책임이 있었다. 도덕 공동체들은 배타적으로 종교적인 것만은 아니다. 종교적인 용어로 말하면, 몇몇은 심지어 마귀적이다. 더욱이, 20세기 후반에 페미니즘과 녹색운동 같은 그러한 세속적인 도덕 운동들은 교회들 스스로에게 점점 더 큰 영향을 미치고 있다. 종교 공동체들의 독특한 점은 바로 그들이 예배한다는 것이다.

내가 나중에 주장하겠지만, 예배에서 믿음들과 구조들은 함께 독특한 방법으로 다가온다. 이론적으로, 자기들을 돌보시고,

자기들에게 돌보도록 격려하시는 하나님이 계시다는 것을 믿는
개인들은 지금 이 하나님 앞에 직면해 있다. 예배에서 우리는
거룩한 그분의 바로 그 임재 속으로 들어간다는 것을 믿는다.
우리는 하나님의 임재에 대해 우리의 마음과 영혼을 열고, 우리
의 마음과 영혼을 다듬어 주시도록 하나님께 요청한다. 예배
내에서 종교 공동체들에 의해서 수행되는 이야기들, 신화들,
성서들, 제의들과 예전들이 살아서 다가온다. 그것들은 우리가
예배에서 만나는 하나님께 대한 우리의 살아있는 반응의 부분
이 된다. 이러한 심오한 의미에서, 그것들은 예배하는 사람들을
위해 새로운 객관성을 가지게 된다. 그것들은 단지 종교학 시험
문제지들과는 비교되고 대조될 수 있는 그런 어떤 오래된 이야
기들이나 신화들, 성서들 만이 아니다. 차라리 그것들은 지금
우리가 보고 행동하는 바로 그 방법들을 형성하는 이야기들,
신화들, 성서들 등이다. 그것들은 단지 외부인들을 어리둥절하
게 만들 수 있는 방법들로 내부인들에게 확신을 주는 것이
된다. 물론 이것은 그것들의 타당성을 증명하는 것은 아니다.
마침내 예배는 심지어 참여자들에 의해서 조차도 잘못된 방향
으로 이끌려지거나 실수하는 것이라고 간주될 수 있다. 그러나,
그러한 것들을 판단하기 위해 서 있는 외부의 항목들은 없다.
예배자가 말할 수 있는 모든 것은 그들이 예배의 바깥에서
보다도 예배내에서 도덕적 가치들이 더 요구되며 지속적인

모습을 취한다는 것이다. 그것들은 바로 우리가 세상을 바라보는 방식을 변화시킨다.

이 강의의 서두 부분에서, 나는 더람(Durham)의 회랑에서 예배 중에 한 노인으로서의 마이클 람지(Michael Ramsey)를 보았다고 언급했다. 그 바로 전에, 그는 자신의 마지막 책을 썼다. 놀랄 것도 없이 그것은 기도에 관한 책이었고, 기도와 예배가 분명하게 그의 돌봄의 일생의 바로 그 중심에 있었던 것이다. 이 책의 바로 그 제목, '잠잠하여 알라(Be Still and Know)'23는 내가 말하려고 했던 마지막 요점 — 예배와 지식 사이의 연결 — 을 반영하고 있다. '왜 돌봄인가?'라는 질문에 직면해서, 마이클 람지는 확실히 그에 대한 대답을 하는데 어려움이 없었다. 기도와 예배 가운데서, 그는 단순히 하나님께서 자신에게 돌보기를 원하셨기 때문에 돌봄을 행해야 한다는 것을 확신하게 되었다. 예배 그 자체는 돌봄의 한 형태이다. 마이클 람지는 그것을 열정적으로 믿었고 나 또한 그러하다. 예배는 또한 우리에게 강력한 요구를 한다. 예배는 우리가 사랑하고, 섬기고 돌보아야 할 세상으로 나가야만 하는 것 못지 않게 필요한 것이다.

---

23 Ramsey, M., *Be Still and Know* (Collins, 1982).

제2장 세속학문에서의 도덕적 가치들

나는 이전 강의에서 오늘날 많은 물리 과학자들과 사회 과
학자들이 자신들의 연구는 가치중립적(value-free)이지 않으
며, 과학기술과 정보기술의 산물은 선(good)뿐만 아니라 해
(harm)도 가져올 수 있다는 것을 인정하는 경향이 있다고 언
급했다. 최근에 여러 아카데믹 분야에서 윤리학 연구에 대해
서 상당히 관심이 고조되어 왔다. '세속세계에서의 기독교 윤
리학(Christian Ethics in Secular Worlds)'[24]이란 책에서, 나는
현재 생명기술(biotechnology)의 분야들 같은 그런 이상하고
새로운 세계들에서 진행되고 있는 윤리적 논의들 가운데 몇
가지를 탐구해 보았다. 그 대신 나는 이번 강의에서 보건 서비

---

[24] See my *Christian Ethics in Secular Worlds* (T&T Clark, 1991).

스, 비즈니스와 경제 분야 및 범죄학에서 진행되고 있는 윤리적 논의들에 대해 초점을 맞출 것이다. 오늘날 이러한 논의들은 학자들 사이에서 도덕적 이슈들에 대한 관심의 매력적인 부활을 지적해 주는 것이다.

물론 여전히 윤리적 논쟁들을 단순히 지나쳐 버리는 물리 과학자들과 사회 과학자들이 있다. 그들은 아마도 이전 세대의 과학자들에게서 더욱 흔했던 것처럼, 자신들의 학문이 어떤 도덕적 딜레마도 야기시키지 않는다고 주장한다. 물리 과학과 사회 과학은 엄격하게 말해서 가치 중립적인 학문들이다. 도덕적 딜레마들을 야기시키는 것은 사람들이다. 그래서 만일 정치가나 군인들이 핵무기를 잘못 사용한다면, 이에 대한 책임은 그들 스스로 져야 한다. 이런 주장에 대해서, 최초에 핵무기를 개발한 과학자들은 연달아 그것을 잘못 사용하는 것에 대해서 비난 받을 수 있다. 그들 자신의 의지대로 남겨둔다면, 물리 과학자들과 사회 과학자들은 단순히 지식을 개발하며, 이 과정에서 더욱 정돈되고, 이성적이며, 효과적인 세계를 장려하게 된다. 도덕적 딜레마들을 창조하는 사람들은 자기들 스스로 과학자로서 일하고 있는 사람들이 아니라, 비과학자들 혹은 비과학자로서 행동하는 과학자들이다.

내가 지난 강의에서 언급했듯이, 리차드 니버(Richard Niebuhr)는 아마도 이런 입장에 내포되어 있는 일종의 '신앙'을 보는 데 있어서 정확했다. 일반 국민들은 과학자들을 신뢰하도록 요청을 받는데, 그것은 과학자들이 지식과 일반적으로 다른 사람들에게는 부족한 순수한 이론적 객관성을 제공하기 때문이다. 반대로, 과학자들은 자신들이 감정적인 혹은 도덕적인(이런 접근법에서 흔히 이 둘이 섞인다) 보따리에 의해서 뒤엉켜 있는 부분을 이끌면서, 일반 사람들이 흥미를 가지지 않는 부분을 탐구하는 것을 자신들의 과제로 본다. 그러나, 과학에 대한 이런 견해에서 조차도 이전 강의에서 도킨스 호킹 신드롬에 대한 나의 모든 무례함에도 불구하고 뚜렷하게 점점 더 드물어지는 바—도덕적인 결과들이 있다. 도덕적 판단을 일시적으로 유보하는 것은 역설적으로 가치 중립적인 모험이 아니다. 그것은 전체 삶 속으로 운반된 도덕적 위험들을 내포하는 것이다. 이 과정에서 탐구하는 행위 그 자체만을 제외하고 그 어떤 약속도 이루어지지 않아야 한다 모든 다른 것은 일시적인 것으로 간주되거나, 최소한으로 취급되어야 한다. 그런 접근법은 또한 물리 과학자들과 사회 과학자들이 그들 스스로 어떻게 기능을 하는가에 대한 상당한 정도의 순진성을 내포할 수 있다. 근면성, 부지런함, 정직성 같은 긍정적인 덕들은 실제로는 과학에서의 탁월성을 위한 도덕적 요구 조건들일 수 있다. 또한 더욱 위험한 자질들이 요구될 수 있다: 야망, 일치 단결성, 경쟁, 심지어 무자비성 등과 같은 자질들.

1.

어떤 태도들이 가장 빠르게 변화되어 온 듯이 보이는 분야가 의료윤리학 분야이다. 만일 구세대의 의사들이 윤리학자들로부터의 '영역침범(intrusions)'에 대해서 화를 내는 경향이 있었다면, 의료윤리학은 현재 당연히 하나의 학문으로서 완전히 확립되어 있다. 서구 세계내에서 많은 수의 윤리학 저널들이 있다; 의료 윤리학에 관한 대학의 코스들이 있다. 의료윤리학 —혹은 그것이 때때로 생명윤리학(bioethics)으로도 불리워지는데—을 가르치기 위해 풀 타임으로 임명된 다수의 학자들이 있다. 그리고 의료윤리학은 비록 좀처럼 매우 큰 위치를 차지하지는 않는다 해도, 많은 의과대학 학생들의 과밀한 시간표에서 점점 더 하나의 위치를 차지해 왔다.

자연적으로, 한번 이런 일이 일어나면, 관례들이 나타나기 시작한다. 의료윤리학의 초기단계들은 신학자들과 병원 채플린들, 그리고 명백한 종교적 연결 점들이 있는 의사들이 지배하는 경향이 있었다. 20년 전에는 런던 메디칼 그룹, 에딘버러 메디칼 그룹 혹은 다른 그룹들이 강력한 신학적, 성직자적 연결 점들이 있었다는 것을 발견하는 것은 보기 드문 일이 아니었다.

미국에서 폴 람지(Paul Ramsey)와 영국에서 이안 람지(Ian Ramsey) 같은 신학자들은 이 분야의 초기 단계들에서 결정적인 역할을 감당했다. 그러나, 그 분야에서의 바로 그런 성공은 이러한 명백한 종교적 연결 점들이 점점 더 경시되어 왔다는 것을 의미했다. 철학자들은 흔히 더욱 더 '중립적인(neutral)' 윤리학자들로서 간주되어 왔고, 그들과 의사들 사이에 다수의 아주 열매있는 협력 관계들이 있었다. 그 결과, 의료윤리학에서의 전통적인 코스는 인공유산, 안락사, 비밀보호 등과 같은 어떤 잘 연습된 의료적 딜레마들을 진행하기 전에, ― 전형적으로 윤리학에 대한 의무론적 접근들과 또 목적론적 접근들 사이 둘을 구별하는 ― 메타 윤리학(meta-ethics)으로 시작하는 경향이 있다. 그 목적은 이런 방법들이 의료적 수행과 관계되는 것으로서 학생들이 일종의 다른 도덕적 주장들 사이를 구별하도록 하게 하는 것 보다, 특별한 도덕적 관점을 덜 부과하기 위한 것이다.

여하튼 이러한 개발의 중요성을 부정하지 않고, 그것은 문제들을 숨기는데 공헌해 왔을 수 있다. 그것이 바로 스탠리 하우어와스(Stanley Hauerwas)의 주장이다. 내 생각에 그의 책의 베스트들 가운데 하나인 '고통 당하는 자들과 함께 하기(Suffering Presence)'라는 책에서, 그는 장난기 있어 보이는 '의료윤리학의 부흥(과 몰락)'이라는 말을 생각하고 있다. 그는 그 주제에 대해서 굉장히 성장을 한 사람만큼 그 주제를 잘 인식하고 있다. 그래서 그는 다음과 같이 주장한다:

" '의료윤리학'의 부흥은 우리의 기술적 혁명 때문이라기보다는 우리가 살고 있는 혼란한 도덕적 세계 때문이다. 그러므로 '의료 윤리학'은 우리 시대의 도덕적 무질서 상태를 반영하는 것만큼 우리의 어려움들을 그렇게 많이 해결해 주지는 못하며, 그것은 도덕적으로 파편화된 사회에서 의학의 실천(the practice of medicine)이 어떻게 유지될 수 있는가를 결코 분명하게 해 주지 못한다. 증가하는 기술사용을 통해서 치료를 하려는 현대 의학의 필사적인 시도는 죽음의 불가피성을 다루는데 있어서 어떤 도덕적 이성이 부족하다는 사실을 회피하는 하나의 방법일 수 있다."[25]

이런 식으로 설명하면, 그 문제는 영국에서보다 미국에서 더 잘 나타나는 것이다. 확실히 계속 증가하는 기술의 통로를 향해서 나아갔던 것이 미국의 의학이며, 매우 깊이 파편화되어 있고 더욱이 소송하기 좋아하는 사회가 바로 미국 사회이다. 그 결과, 미국의 의료적 '돌봄'은 그것을 사용할만한 여유가 있는 사람들을 위해서 더욱 더 기계에 기초된 돌봄을 하며, 그것을 사용할만한 여유가 없는 사람들에게는 부적절한 것이 되어 온 듯하다. 소송의 두려움 때문에, 방어적인 의료는 더욱

---

[25] Hauerwas, S., *Suffering Presence: Theological Reflections on Medicine, the Mentally Handicapped, and the Church* (University of Notre Dame Press, 1986, and T&T Clark, 1988, pp.1-2).

더 값비싼 것이 되며, 가난한 사람들이 이용하기 어려운 것이 된다. 그리고, 이렇게 이데올로기적으로 미국사회의 파편화된 성격 때문에, 이렇게 값비싼 기술중심 의료의 궁극적인 목적들은 점점 덜 분명하게 된다.

그럼에도 불구하고, 영국국가보건서비스(the British National Health Service)의 빠른 변화의 시기에, 우리가 이러한 과정들에 대해서 면역성이 없다는 것이 분명하게 나타나고 있다. 의술에 대한 이러한 계약적인 이해에로의 변화는 현재 뜨거운 논쟁의 주제인 예리한 도덕적 문제들을 야기시킨다. 그것은 또한 빠르게 도덕적인 이슈들을 엄격하게 기능적인 조건에서 간주하는 사람들과 그렇게 간주하지 않는 사람들로 구분한다. 현재 많은 병원들(GPs)은 이러한 변화들에 대해서 매우 필사적으로 대처하려 한다. 그들은 자신들이 일해 왔던 바로 그 도덕적인 기초가 변화되었다는 것을 믿고 있다. 단순히 필요로 하는 사람들을 돌보는 것 대신에, 현재 그들은 그들 가운데 많은 이들이 믿고 있듯이, 비즈니스를 하는 남녀가 되도록 격려 받고 있다. 그들은 투자자들이 되고 의료자원의 구매자들이 되도록, 그리고 자신들의 업무를 '소비자 요구'에 반응하는 것으로 보도록 재정적 동기들이 제공되고 있다. 자원할당에 관련된 오랜 기간의 윤리적 이슈들과는 거리가 먼 것으로(예를 들면, 우리가 소수의 사람들을 위해 심장이식에 우선권을 두어야 하는가 아니면 다수의 사람들을 위해 심장촬영에 우선권을 두어야 하는가?), 깊은 이데올로기적 질문들이 의사-환자 관계에 대해서 야기되고 있다. 이런 새로운 계약적 관계가 부적절한 시장 가치들을 건강 돌봄(Health Care) 안으로 끌어 들이고 있는가?

어떤 이들은 이 모든 것이 기능적인 조건에서 보여질 수 있다고 주장한다. 의사들 및 다른 의료 관계자들은 일반 대중의 건강'필요들' 혹은 '요구들'에 더욱 효과적으로 반응하도록 요구받고있다. 돌봄은 가능한 한 효과적이 되어야만 하며, 이것이 이루어지기 위해 효율성이 결정적인 것이다. 더욱이 그들은 의료돌봄에서 비효율성은 부도덕이라고 주장한다. 의료 관계자들에 의해서 제한된 자원들이 환자들에 대한 감소된 혜택으로 낭비된다. 의료 관계자들은 그들의 기본적인 목적이 환자들을 돌보는 것이지 자신들을 돌보는 것이 아니다(나는 이 진술이 비기능적 단계를 그 주장 속으로 집어넣는다는 것을 인식하고 있다). 이러한 형태의 효율성이 일어나게끔 하기 위해서, 의사들과 의료 관계자들은 경영학에서 더욱 광범위하게 실험되고 개발된 정책들과 실행들을 '소유하도록' 요청받고 있다.

물론 이미 여기에도 문제점이 있다. '필요들'과 '요구들'은 전혀 같은 것이 아닐 수 있다. 나는 내가 인식하지 못하는 필요들을 가지고 있을 수 있으며, 특별한 것을 필요로 하는 사람들은 잘못된 것을 요구할 수 있다. 반대로 사회에서 가장 힘든 사람들은 가장 가난한 사람들이 아니라 단순히 더욱 소란스런 사람들이거나 혹은 더 많이 배운 사람들일 수 있다. 만일 필요들 그 자체만 고려된다면(정부 자료가 많은 과장을 해서 주장하듯이), 어떤 사람은 누가 가장 가난하며 누가 가장 가난하지 않은가 그리고 어떻게 핵심 자원들이 분배되어야 하는가에 대한 결정을 분명하게 해야 한다. 그런 선택들은 필수적으로 직접적이거나 간접적인 가치 판단을 포함하고 있다. 만일 요구들 자체만 고려된다면(그리고 소비자 요구들이 흔히 통계적으로 그려질 수 있다면), 다시 한번 가장 목소리가 큰 사람들이 가장 큰 분량을 가질 수가 있다. 사용에 의해 측정된 요구는 너무나 쉽게 매우 단순하게 남용에 의해 지배된 의료가 될 수 있다. 그리고 그것은 결국 거의 돌봄을 행할 수 없게 된다. 이기심 없는 돌봄은 고사하고 마지막 분석에서, 하우어와스는 실제로 세속사회가 그런 어려움들을 적절하게 직면하기 위해 자원들을 가지고 있다고 믿지 않는다. 그는 의사들이 '어떤 서비스를 수행할 것인가를 결정하기 위해 자신들의 소비자들을 기다리고 있는 고도로 훈련된 기술주의자들의 그룹'이라는 견해를 거부한다. 그 대신 그는 자신이 '의술이 도덕적 기술이며 그래서 "소명"으로 명명될 가치가 있다는 주장을 견지할 필요가 있는 본질적인 도덕적 전제들'로서 본다고 주장한다. 그에게, 질병의 시기에 보이는 의사의 바로 그 자발성과 의사를 이용하

려는 환자는 순수하게 세속적, 기능적 조건들에서 적절하게 설명될 수 없는 도덕성을 구성하고 있다.[26]

하우어와스의 주장이 내가 첫번째 강의에서 그려보기를 시도했던 자기이해를 넘어선 선으로서의 돌봄에 대한 생각과 매우 가깝기 때문에, 나는 위험을 무릅쓰고 그의 말을 조금 더 인용할 것이다:

"만일 어떤 한 기관이 이러한 시론(essays)을 강조한다면, 환자들을 돌보는 데 자신들의 생애를 헌신하기 위해 무엇(some)을 버리는 것은 사회를 위한 특별한 의사표시가 무엇인가에 대한 인식이다. 내가 생각하기에 우리가 그렇게 하는 것은 주로 우리 자신의 이익을 위해서 라든가 만일 우리가 병들 때 버림받지 않도록 보장받기 위해서 때문이 아니라, 우리가 도움을 필요로 하는 다른 사람들을 내버려 두지 않으려고 하는 마음 때문이다. 그러므로 도덕적 수행으로서의 의술은 한 사회의 특별한 도덕적 헌신으로부터 병든 이들을 돌보는 일에 이르기까지의 전체를 그 본질로 구성하고 있다. 많은 비평가들이 지적하는 바와 같이, 의학은 사람의 건강을 보장하는 데 있어서 거의 중요성을 가지지 못한다. (효과적인 위생은 의술보다 훨씬 더 사람의 건강에 중요하다). 그러나, 우리가 의료기관을 통해서 개인들에게 공급하는 돌봄은 도덕적으로 덜 중요한

---

[26] *ibid.*, p.13.

것이 아니다. 심지어 의술이 치료할 수 없을 때조차도, 의사들이 공급하는 돌봄은 더욱 더 중요한 것이다."[27]

의술에 대한 하우어와스의 도덕적 주장의 중심에는 파편화된 사회에서 사회의 본질에 대한, 도덕적 가치들의 역할에 대한, 그리고 (곧 분명하게 되는 것으로서) 교회의 역할에 대한 독특한 가정들이 있다. 나는 다음에 있을 두 번의 강의들에서 이 중요한 이슈들을 다룰 것이다. 다음 번 강의는 우리가 세속사회에서 살고 있다는 주장에 대해서 좀 더 자세하게 알아볼 것이며, 그 다음 번 강의는 파편화된 사회에서 내부적으로 분리된 교회들이 어떻게 자기이해 없는 돌봄 그리고 일반적으로 가치들—의 개념들을 형성하는데 있어서 어떤 일관된 역할을 가질 수 있을 것인가를 고찰해 볼 것이다. 그것이 발생하는 것으로서, 하우어와스의 저서들은 특별히 이 두 가지 중 어느 쪽에도 효과적이지 않다. 그러나 우선은 심지어 명백하게 세속화된 사회 내에서조차도, 의사와 환자의 관계는 심각한 도덕적 문제들을 야기시킨다는 것을 언급하는 것이 중요하다. 단순히 기능적 조건에서 보건 서비스 정책에서의 중요한 변화들을 의도하는 것은 심각한 오해를 불러 일으킬 수 있다. 자기이익을 위해서

---

[27] *ibid.*, p.13.

든 '요구'를 위해서든 제한된 건강 돌봄은 결국 도덕적으로
결핍된 것이 될 수 있다. 어쨌든, 실제적인 의료 실습은 습관적
으로 이러한 기능적인 범주들을 넘어서는 것이다.

물론 이것은 이 영역에서 기능적인 정책결정을 기각하는
것이 아니다. 그것은 최소한 효과적인 건강 돌봄을 제공하도록
시도하는 것이며, 과거로부터 유래된 위생 공급의 덜 효과적인
형태들로써 간주되는 것이 비경제적이라는 것과 관계되어 있
다. 만일 이 전제가 받아들여진다면(그리고 물론 그것은 매우
큰 '만일'이지만), 그것은 윤리학자들에 의해서 무시되지 말아야
한다. 아마도 하우어와스는 지나치게 한쪽으로 기울어져서 비
즈니스학 혹은 경영학을 후퇴 시킬 수 없을 것이다. 내 연구
분야에서, 나는 곧 출판될 나의 실험적 연구인, '빈 교회의 신화
(The Myth of the Empty Church)'[28]라는 책에서 더욱 더 엄격한
경영 실천들이 오랫동안 영국교회들에서 무시되어 왔다는 것을
주장할 것이다. 그 대신 흔히 신학자들은 현대의학, 교회, 혹은
심지어 정부에서 조차도 경영실천들을 무시해야 한다는 것을
주장하면서, 기능적인 범주들을 잊어버리게 하는 데는 너무나
도 빠르다. 이와 반대로, 내가 첫번째 강의에서 주장했듯이,
돌봄에 대한 적절한 이해는 실용주의와 도덕적 열정의 혼합이

---

[28] See my *The Myth of the Empty Church* (SPCK, Feb. 1993).

요구된다. 만일 실용주의가 없다면, 그것은 낭비하는 것이 되며 비효과적인 것이 된다. 그러나, 도덕적 열정이 없다면, 그것은 그 중심을 잃어버리는 것이 된다.

2.

이 모든 것은 건강 서비스와는 다른 영역들에서 도덕적 가치들에 대한 중요한 이슈들을 야기시킨다. 철저한 무신론자들, 기능주의자들 및 뚜렷한 도덕적 가치들을 주장하는 사람들 사이의 구분은 또한 일반적으로 영국에서 비즈니스학 및 경영학에서 명백하게 나타나고 있다. 비즈니스 윤리학 — 때때로 그렇게 불려지는 것으로서(비록 그것이 일반적으로 그것보다 더 넓은 용어로 해석되지만) — 은 점차적으로 학문적 질문에 대해서 수용되는 부분이 되어가고 있다. 비록 지금까지 소수의 영국 학자들이 이 주제를 자신들의 유일한 전문분야로 간주하고 있지만, 현재 많은 수의 대학들은 MBA 과정에서 윤리적인 요소를 포함시키고 있다. 의료윤리학과 비교해서 비즈니스 윤리학은 아직 학문적 유아기 단계에 있다.

비즈니스 윤리학에 관한 영국의 문헌은 이런 사실을 반영해 주고 있다. 의료 윤리학에 관한 많은 문헌들과 비교해 볼 때,

비즈니스 윤리학에 관한 영국의 문헌들은 극히 드물다. 하나의 예외가 있는데 그것은 존 도날드슨(John Donaldson)이 저술한 '비즈니스 윤리학에서의 핵심적 이슈들(Key Issues in Business Ethics)'이라는 책이다. 저자는 이 분야에 대한 대부분의 책들이 미국인들에 의해 쓰여졌고 무신론자들이 여전히 영국의 비즈니스 세계에 많이 있다는 것을 완전히 인식하고 있다. 특별한 개인들이 비윤리적으로 행동해 왔다는 사실이 많은 사람들에게 명백하게 드러난 반면 ― 미국에서 이반볼스키(Ivan Vorsky) 혹은 영국에서 로버트 막스웰(Robert Maxwell) ―, 윤리학의 학문적 연구는 비즈니스/경영 세계에 적절하다는 것이 보편적으로 받아들여지지 않고 있다. 도날드슨은 비즈니스 윤리학을 기껏해야 단순히 개인적 의견의 문제로 혹은 심하게는 기능적인 경제적 운영의 효율성으로의 침입으로 간주하려는 사람들이 여전히 많이 있다는 것을 완전히 인식하고 있다.

비록 도날드슨의 책이 다소간 의료 윤리학에서의 더욱 지루한 책들과 똑 같은 문제들을 경험하고 있지만 파생적인 이론들을 되풀이해서 말하고 단순히 그 이론들을 나란히 서로 곁에 두면서 그것은 최소한 비즈니스 윤리학의 범위를 가리켜 준다. 무신론자들과는 반대로, 그는 주장하기를:

"비즈니스 윤리학에 관한 일반적인 문헌들을 조사해 보면 비즈니스에 대한 정부의 정책들, 법률, 기관의 뼈대 및 의견형성 기관들을 포함하고, 비즈니스와 경영을 설명하고 훈련하거나 혹은 충고를 제공하는 그런 학문적 훈련들을 포함하면서, 윤리적 문제들이 비즈니스 활동의 전 범위에 걸쳐 있으며, 비즈니스 후원시스템이라고 불려지는 것의 정도까지 널리 퍼져 있다는 것을 의심할 여지가 거의 없다. 비즈니스 실천, 행동, 진술 혹은 윤리적 차원을 가질 수 없는 위임 사항은 없다."[29]

도날드슨은 비즈니스 윤리학에서의 분석의 '객관성'과 독특한 가치의 '객관성'에서 일반화된 신념을 가지고 있다. 그에게는 다른 접근법들을 구별하는 것과 의사결정에 미치는 그것들의 영향을 언급하는 것에 대해서 충분한 것으로 보인다. 그는 특별한 가치들 혹은 가치의 집단들을 옹호하는 데에 별로 흥미가 없다. 비즈니스 윤리학에 대한 이러한 비교적 분리된 접근법은 도날드 헤이(Donald Hay)가 자신의 저서, '현대 경제학: 기독교적 비판(Economics Today: A Christian Critique)'에서 채택한 접근법과는 매우 대조되는 것이다. 복음주의적 기독교 관점을 주장하면서, 헤이는 다음과 같이 주장한다:

"다소간 풍자의 위험을 무릅쓰고, 기독교와 경제학에 관한 책들은

---

[29] Donaldson, J., *Key Issues in Business Ethics* (Academic Press, 1989, p.61).

두 그룹으로 구분된다고 말할 수 있다. 어떤 책들은 신학자들과 윤리학자들에 의해서 쓰여진 책들이다. 이런 책들 대부분은 항상 그들이 경제분석에 대한 이해가 부족하며, 그것에 대해 너무 존경스런 태도를 보이고 있다. 또한 어떤 본질적인 방법으로 신학적 통찰력들을 실제로 적용하기 위한 뚜렷한 거부감이 있다. 다른 종류의 책들은 경제학자들에 의해 쓰여진 책들이다. 놀랄 필요도 없이, 경제분석은 다소간 재고한 것으로써 혹은 보다 덜 칭찬할만한 것으로 미리 결정된 논쟁을 위한 버팀목으로써 보이는 신학을 가지고, 이러한 책들의 형태를 결정하는 경향이 있다."[30]

본인 스스로 직업적인 경제학자이기 때문에, 헤이는 분명하게 경제학의 주제에 관한 성경적 자료들의 조사로부터 시작함으로써 후자의 함정에 빠지는 것을 피하려고 한다.

한 세대 전에 라인홀드 니버와 같이, 이러한 명백한 신학적 접근법은 상당한 통일성을 주며 헤이의 주장을 괴롭히는 것이다. 그것은 또한 파편화된 사회에서 이기심 없는 돌봄에 관한 질문이 더욱 적절한 것으로 만들어 준다. 예를 들면 그것은 그를 경제성장과 관계된 세속적 가정들에 관한 급진적 비관주의에로 이끌어 간다. 다수의 세속적 비평가들처럼, 그는 성장에 필요한 듯이

---

[30] Hay, D.A., *Economics Today: A Christian Critique* (Apollos, 1989, p.8).

보이는 주위 조건에 의존하는 상품을 위한 투쟁이 실제로 많은 사람들에게 돌봄을 받지 못하고 있다는 느낌과 좌절감을 남긴다는 것을 깊이 염려하고 있다. 그는 단순히 인간 가치의 한계들로써 쾌락주의와 자기이해를 가정하는 경제적 모델들에 대해서 비판적이다. 그러나 그것은 그가 마침내 다음과 같이 결론을 내리고 있듯이 특별하게 신학적 기초들 위에 있다:

"소유의 추구가 행복을 증진시켜 준다는 생각은 기독교적 인간 이해와 일치하지 않는다. 인간은 물질이 아니라, 하나님과 자기 동료들과의 관계에서 가장 높은 만족도를 발견하게 된다. 사람이 한번 삶의 기본적 필요들을 소유하게 되면, 그 다음에는 그것으로 충분한 것이다(Enough is enough)."[31]

헤이에게는 그것이 자기이해라기 보다는 우리의 경제적 행위를 조절해야 하는 성경적 청지기직 개념이다.

이렇게 출현하는 논쟁에서 다수의 특징들을 주목할만한 가치가 있다. 헤이는 신학자가 아니라 최초의 중요한 학문적 경제학자이다. 그는 분명하게 어느 정도 신학을 공부했으며, 성경 자료들을 사용하는데 있어서 소박한 것이 아니다. 흥미롭게도

---

[31] *ibid.*, p.307.

그는 성경 자료들의 사용을 통해서 자신이 믿기에 도덕적 조소주의에 대항하는데 있어서 중요한 도덕적 가치들을 이끌어 내려고 시도한다. 명백하게 이러한 것들은 어떤 특별한 기독교 공동체 내에서 헤이의 삶과 밀접한 관계가 있는 가치들이다. 예를 들면 청지기직 개념은 우리가 공동체 내에서 어떻게 살아야 하는가에 대한 도덕적 가치들과 가정들을 포함한다. 반대로, 그 개념은 그에게 자신의 직업적 훈련에 대한 더욱 더 세속적인 해석들 뒤에 놓여 있는 다소간의 가정들에 반대하기 위한 예리한 도구를 제공해 준다.

경제 불황 상태에서 끊임없는 물질적 성장이 인간 경쟁의 적절한 목적이라고 하는 가정을 너무 쉽게 채택할 수는 없다. 해방신학의 몇몇 노골적인 형태들은 억눌린 자들을 보호하기 위한 가장 중요한 방법이 그들의 경제적 성장을 증진시켜 주는 것이라는 생각을 영구화 할 수 있다. 그러나, 리오 컨퍼런스(Rio Conference) 이후에, 이러한 가정은 실제로 인간의 '행복'(그것이 원하는 세속적 목적인 행복이라고 하는 주장을 하기 위해 추측하는)을 더 증진시켜 주지 못하고 우리 지구에 더 많은 생태학적 해를 야기시킬 위험이 있다는 사실이 많은 세속주의자들에게 까지도 분명하게 되어가고 있는 실정이다

그러나 이론적인 문제들이 남아 있다. 레이몬드 플란트(Raymond Plant)는 가장 최근에 파편화된 사회에서 협동적인

정치신학이 있을수 있는가에 관한 그의 비관적 질문들을 가지고 이것들 중 몇몇들을 강조했다. 그의 질문들은 그가 신학적으로 지식이 있는 기독교인 일 뿐만 아니라 직업적 정치 이론가로써 글을 쓰기 때문에 특히 적절한 것들이다.

플란트의 비관주의의 기초는 단지 사회의 분열뿐만 아니라 사회과학과 현행의 신학의 분열에 놓여 있다. 그는 만일 역사의 통합된 신학을 여전히 생산할 수 있다면 그것은 또한 협동적인 정치신학을 가질 수 있어야 한다고 주장한다. 우리 모두는 역사의 궁극적인 목적들에 대해서 동의할 수 있고 또 이러한 궁극적인 목적들을 향해서 일할 수 있는 특정한 정치적 수단들을 확인하려고 시도할 수 있다. 그러나 플란트는 기독교인들이 분명하게 역사에 나타난 단 한 가지 신학에만 동의할 수는 없다고 주장한다. 역사의 문제들은 명백하게 우리를 분열시킨다. 플란트는 신학에서 자연법 이론가들을 해방주의자들, 럭스 먼디(Lux Mundi) 이론가들, 내러티브 신학자들, 중간공리를 지지하는 사람들과 비교한다. 각자의 입장을 가지고 있어서, 그는 어려움을 발견하며 심지어 더욱 자극적으로, 정치신학에서 이러한 접근법들을 구분하는 이론적 차이점들 때문에 어떤 방법도 발견할 수 없다.

더욱이, 비트겐슈타인(Wittgenstein), 데리다(Derrida), 푸코(Foucault)에 의해서 강하게 영향을 받았던 세속적 맥락에서,

플란트는 인간의 언어(신학적 언어 혹은 다른 언어)가 심지어
보편적이 될 수 있다는 견해를 거의 지지하지 않는다. 플란트에
게는:

"어떤 의미에서 진리를 묘사할 수 있는 주장들이 하나의 역사의 신학이
될 수 있다는 견해는 그런 이론들이 언어로 분명하게 표현된다는 사실을
무시하는 것이며, 만일 언어가 궁극적인 표현의 기능을 가질 수 없다면,
그 때 역사의 신학은 어떤 의미에서 기초적인 것이 될 수 없다. 기껏해야
그것은 역사가 보여질 수 있는 한 가지 관점을 구체화하고, 하나의 관점으
로써 그것이 해체될 수 있으며, 그것의 가계(genealogy)는 그러한 관점을
채택하는 것 밑에 놓여 있는 힘을 드러내 준다."[32]

플란트가 파편화된 사회에서 자신의 비관주의가 어떻게 돌봄
의 이슈와 관계되는지를 가장 분명하게 보여주는 것은 윌리엄
템플이 옹호하는 입장에 대한 비판을 통해서 이다. '기독시민의
사회적 책임(Christianity and Social Order)'[33]에서 템플은 복음
에서 유래될 수 있는 일반적이고 보편적인 원리들, 그 중에서도
특히 자유, 공정함, 교제 등과 같은 원리들이 있다고 주장했다.

---

[32] Plant, R., 'Pluralism and Political Theology', Centre for Theology and Public
Issues Publication (New College, Edinburgh University, 1991, p.11).

[33] Temple, W., *Christianity and the Social Order* (Penguin, 1942).

세상에 이러한 원리들을 선포하는 것과 기존의 사회질서가 그 원리들로부터 유래되었다는 사실을 지적하는 것은 교회의 사회적 과제였다. 그러나, 그것은 자신들의 시민적 능력을 실행하면서 이러한 원리들과 적절한 기술적 지식의 빛 아래에서 특별한 윤리적 딜레마들을 해결하기 위한 개별 기독 시민들의 과제였다. 교량을 만드는 일에 관계된 기독교인은 기독교인이 된 덕분으로 순전히 기술적 지식에 이르는 독특한 접근방법을 가지고 있지 않았다. 차라리 그런 기독교인은 기술적 지식과 일반 원리들의 혼합을 통하여 윤리적 딜레마들을 해결했다.

사회적 돌봄의 이슈들에 대해 적용하면서, 플란트는 그러한 균형잡힌 경계설정에 대해 매우 비관적이다. 그는 템플의 사상을 받치고 있는 자연법 가정들을 확신하지는 않지만, 템플이 가정하는 듯이 보이는 가치중립적(value-free) 기술지식에 대해서는 더욱 비관적이다. 아마도 그것은 교량을 만드는(bridge-building) 데서 존재할지는 모르지만, 사회정책 분야에서는 존재하지 않는다. 플란트는 템플의 해결책이 마침내 사회과학에 대해 너무 많은 요구를 한다고 주장한다. 후자는 그것들 스스로 너무 파편화 되어 있으며, 템플이 말하는 도덕적으로 중립적 의미에서 기술적 지식을 공급하기 위해 가치가 부여되어 있다:

"예를 들면 가난의 문제와 가난한 자들에 대한 선입관을 생각해 보자.

우리가 가난한 자들에 대해 선입관을 가져야만 한다는 도덕적 원리의 기독교적 타당성을 가정하는 것은 자명한 일이며, 우리가 이러한 선입관을 가져야 하는 바로 그 가난한 자들을 규정하는데 있어서 어려운 문제가 있다. 정치적, 사회적 가치들이 어떻게 우리가 가난한 자들을 확인해야 하는가 하는 질문과 관련을 맺어야 하기 때문에, 이것은 전적으로 실험적인 문제나 사회과학의 문제가 아니다. 이차 대전 이후에 사회민주주의의 특징이 되어왔던 견해 위에서, 빈곤은 불평등과 시민의 규범에 관한 관념들과 밀접하게 연결된 상대적인 방법들로 규정되어 왔다. 이 점에서 빈곤은 오직 사회에서 불평등의 정도를 제한함으로써 감소될 수 있다. 그러나 현 정부는 거의 틀림없이 반대되는 견해를 취한다. 정부의 견해에서, 불평등은 다이나믹한 경제의 필요한 특징이며, 불평등을 고치려는 어떤 시도는 최악의 상황에 있는 사람들을 포함하여 모든 사람을 가난하게 만들 것이라는 생각이다. 이러한 견해 위에서 가난한 자들에게 문제가 되는 것은 그들의 상대적인 생활수준 대 사회의 나머지 사람들의 생활수준이 아니라, 그들의 절대적인 표준이다."[34]

물론, 새로 임명된 노동당 의원으로써, 플란트는 스스로 이러한 정치적 논쟁에서 어떤 위치를 차지하고 있다. 지난 수년 동안 그는 트리클 다운 이론(trickle down theory: 정부 자금을

---

[34] Plant, *op. cit.*, p.23.

대기업에 유입시키면 그것이 중소기업과 소비자에게까지 미쳐 경기를 자극한다는 이론. 역자 주)을 믿지 않는 것에 대해 매우 비판적이었는데, 그 이론에 따르면, 사회에서 가난한 자들은 개선된 경제의 트리클 다운 효과로부터 혜택을 보게 된다. 그러나 그것은 여기서 그가 말하는 요점이 아니다. 대신에 그가 주장하는 것은 그 논쟁이 뒤엉켜져서 일반적인 원리들에 의해서 쉽게 해결될 수 없는 가치들을 포함하고 있다는 것이다(후자가 신학으로부터 유래되든지 그렇지 않든지 간에). 가난한 자들을 위한 효과적인 돌봄에 관한 이러한 논쟁에서 사회과학자들은 가치의 이슈들, 특히 그 이슈들이 빈곤을 상대적인 조건에서 바라보아야 하는지 혹은 절대적인 조건에서 바라보아야 하는지에 관해서 그들 사이에 의견이 깊이 나누어져 있다. 그보다 더한 것은, '도시에서의 신앙(Faith in the City)'이라는 프로젝트에 관계 했음에도 불구하고, 플란트는 이 논쟁이 순수하게 신학적인 용어로 해결될 수 있는 분명한 방법을 보지 못했다.

나는 마지막 강의에서 파편화된 사회에서 가치-발생(value-generation)의 전 과정에로 돌아갈 것이다. 신앙 공동체들이 사회에서 더 많은 돌봄을 행하게 할 수 있는 방법들에 대한 어떤 구조적 고려 사항들은 사회 그 자체와 사회과학 및 신학의 파편화된 성격을 진지하게 고려해야 한다는 것이다. 그것은

단순히 레이몬드 플란트의 비관주의를 가볍게 언급하는 것이
아닐 것이다. 이러한 파편들을 진지하게 고려하는 그리스도인
들에게, 나는 이것이 필수적으로 다수의 선택들 사이에서 한가
지를 선택하는 것을 포함한다고 주장할 것이다 완전하게 세상
을 부정하는 종파들에서부터 포괄적이지만 타협하는 교회들에
이르기까지.

3.

　범죄학자들 가운데는 도덕적 이슈들이 다시 수면 위로 떠오
르고 있는 표시들이 있다고 본다. 투옥(imprisonment)의 전체
이슈는 특별하게 민감한 형태로 돌봄에 관한 도덕적 이슈들을
야기시킨다. 처벌에 대한 윤리적 논의들은 1950년대와 1960년
대 초반에 영국에서 사형에 관한 논쟁들의 강한 특징이었다.
그 이후에 곧 책임적인 사회를 창조하는 데 있어서 또한 도덕성
과 교회의 역할에 대한 유명한 하트/데블린(Hart/Devlin) 논쟁
이 있었다.[35] 그러나 중재하는 수십 년 동안에, 메타윤리적(me-

---

[35] See Hart, H.L.A., *Law, Liberty and Morality* (Oxford University Press, 1963), Devlin, P., *The Enforcement of Morals* (Oxford University Press, 1965), and Mitchell, B., *Law, Morality, and Religion* (Oxford University Press, 1967).

ta-ethical) 문제들은 결코 완전히 사라진 것은 아니지만, 법 이론가들 사이에서 무언가 덜 명백한 것이 되었다(비록 자세한 이슈들—장기기증의 윤리적 법적 허용 같은—은 확실히 널리 논의되어 왔지만).

니겔 워커(Nigel Walker)의 저서, "왜 처벌하는가?(Why punish?)"는 1990년대에 이런 상황을 변화시키기 위해 나온 책인 것 같다.[36] 이 책은 돌봄의 사회(a caring society) 그리고 특히 그 사회 내에서 처벌을 위한 도덕적 정당화의 더욱 부정적인 이슈에 대한 결정적인 문제들을 불러일으킨다. "왜 처벌하는가?" 에서 니겔 워커는 처벌 이론들(theories of punishment)에 대한 아주 간결하고 잘 논의된, 많이 요구되는 윤리적 논의를 제공해 준다. 또한 그는 자비와 용서 같은 신학적 개념들의 몇몇 기록을 취한다.

워커(Walker)는 처벌 이론들을 두 부류로 나눈다—공리성(utility)에 기초한 이론들과 보복(retribution)에 기초한 이론들. 이 책에 대해 논평을 하면서, 안소니 하비(Anthony Harvey)는 제 3의 부류, 이름하여 교정(reform)이라는 것이 있다고 주장했다.[37] 그러나, 워커는 교정(아마도 더욱 논리적으로)을 공리성

---

36 Walker, N., *Why Punish?* (Oxford University Press, 1991).

37 Harvey, A., review of *Why Punish?* in *Church Times* 1991.

밑에 둔다. 다른 공리성 이론들과 같이, 그것은 어떤 '목적(end)'을 성취하기 위해 시도하고 있는 것이다. 또한 이러한 양극적인 구분은 도덕 철학에서 대부분의 일반적인 이론들과 더 잘 어울린다.

(a) 공리성(Utility): 공리성의 가장 명백한 이론은 억지(deterrence)이다. 우리는 다른 이들을 단념하게 하기 위한 시도로 사람들을 처벌한다. 또한 우리는 교정하기 위해서, 회복시키기 위해서, 교육하거나 바로잡기 위해서, 혹은 단순히 법률을 어긴 사람들을 무력화 하기 위해서 처벌 할 수 있다. 이러한 모든 이론들은 목적(end) 혹은 '텔로스(telos)'의 기능을 가진다 ─ 이름하여, 추측컨대 사람들이 만족스런 사회를 위해 만든 법률과 규칙들을 어기는 빈도의 감소.

(b) 반대로 보복(Retribution)은 엄격하게 말해서 '유용성(use)'이 없다. 그것은 '빚'을 상환하거나, 잘못을 '무효로' 하거나, 불만을 표시하거나, 불모 지대들을 구축하기 위해서 의도된다. 대부분 이러한 것들은, 처벌이 범죄자들을 교정하든지 안 하든지 혹은 다른 사람들을 제지하든지 안 하든지 간에, 범죄자들이 처벌을 받아야만 한다는 강한 느낌들을 전달하기 위해 의도된 은유들(metaphors)이다. 특히 현대의 보복 이론들은

균형의 원리(the principle of proportionality)를 강조하는 경향
이 있다 — 처벌은 범죄에 적당한 것이어야 한다는 관념처럼.

그러나, 워커(Walker)는 처벌이론의 두 가지 부류는 그가
명석하게 배치한 방대한 실험적, 도덕적 문제들에 직면한다는
것을 인정한다:

(a) 공리성(Utility): 이 이론들은 희망했던 결과를 공동으로
가지고 있기 때문에, 이러한 결과를 성취하는데 있어서 다양한
처벌형태들의 효과가 흔히 측정될 수 있다. 그러나, 그가 주장하
기를, 그런 효과에 관한 실험적 연구는 좀처럼 격려가 될만한
것은 아니었다. 소수의 사람들만이 현재의 감옥 경험과 단지
모호하게 제지하는 처벌에 의해서 교정되는 듯 하다. 이성적인
사람들은 만일 자신들이 발각될 가능성이 있다고 믿는다면,
제지될 수 있지만(비록 그들이 보고된 범죄의 3분의 1만이
현재 발각된다는 것을 잘 인식하고 있다 하더라도), 사람들이
처형의 기간에 의해서 제지된다고 주장할만한 증거가 부족하
다. 어떤 처벌들은 작은 위반들(minor offences)을 제지 시키기
위해서 다른 처벌들보다 더 효과적이지만(예를 들면, 쬠쇠 —
불법주차차량의 한쪽 바퀴에 채우는(역자 주) — 는 주차 위반
을 제지시키기 위해서 벌금보다 더 효과적이다), 몇몇 큰 범죄들

(major crimes)은 제지 시키기에 더욱 어렵다(예를 들면, 살인, 특히 가족살인, 혹은 아마도 컴퓨터 범죄 같은 경우들). 또한 그는 공리주의자들(utilitarians)이 직면하는 심각한 도덕적 문제가 있다고 주장한다. 몇몇 처벌들은 효과적인 억제책들일 수 있으나, 실제로 그것들은 널리 "부당한(unjust)"것으로 고려될 수 있다. 예를 들면, 개인들은 다른 사람들을 위한 인상적인 보기를 보여주기 위해 아주 심하게 처벌 받을 수 있다. 어쨌든, 처벌은 또한 흔히 결백한 사람들(장기수들의 가족들 같은)에게 심각하게 영향을 줄 수 있다.

(b) 보복(Retribution): 워커(Walker)는 보복 이론들이 놀랍게도 모호한 은유들을 사용하지 않고 뼈대를 갖추기는 어렵다고 주장한다. 어떤 의미에서 처벌이 사회에 진 빚을 갚는 것인가? 처벌이 어떻게 범죄를 무효로 만드는가? 그는 심지어 균형의 원리조차도 문제가 있다고 주장한다. 명백하게 처벌은 범죄에 적합한 것이어야 한다는 원리는 모든 범죄에 다 적용할 수는 없다(당신은 어떻게 대중 학살자를 처벌하겠는가?). 어떤 처벌들은 너무 관대하고(강간 범죄자들에게 집행유예 판결을 내리는 것), 어떤 처벌들은 너무 중하다(양 도둑에게 교수형을 내리는 것)고 제안하면서, 기껏해야 그것은 처벌의 범위에 관한 대략의 가이드만 공급할 수 있다. 그러나, 그는 보복주의(retributivism)가 도덕적으로 충격적인 태도에로 이끌 수 있다고 주장한다. 예를 들면, 그는 칸트(Kant)가 처벌을 '도덕적 명령법(a moral imperative)'이며, 결과를 위한 수단이 아니라, 그럼에도 불구하고, 당대의 한 사람으로서, 칸트가 지금 무시무시한 처벌로 간주되는 것의 정확성을 또한 추측했다는 것을 지적했다. 명백하게, 수용할 만한 한계들은 시대에 따라 바뀐다. 보복주의—특히 타블로이드판 신문들이 애용하는—는 또한 가장 밑바닥의 인간 감정들에 호소할 수 있다. 워커(Walker)는 그것이 회개, 용서, 자비 같은 그런 개념들을 너무나도 생각하지 않는 것이라 믿는다. 달리 말하면, 그것은 "용서 없는 규율(discipline)은 잔인하며, 규율 없는 용서는 값싼 것이다"라는 칼빈의 격언을 무시하는 것이다.

마침내 워커 자신은 보복에 의해서 보다는 공리성에 의해서 더욱 확신을 가진다. 그는 공리성의 이론들을 직면하는 도덕적 문제들은 그가 말하는 "인도주의적인(humanitarian)"가치들이 채택될 때에만 극복될 수 있다고 믿는다. 이 시점에서 이타주의(altruism)에 대한 기록이 정확하게 그의 주장 안에 들어온다. 그 역시 이기심 없는 돌봄에 관심이 있다. 그래서 그는 재판관들이 다소간 보복의 언어를 사용하는 것이 정치적으로 필요할 것이라는 것을 인정한다. 그러나, 엄격하게 도덕적 조건에서 보면, 그는 '공정성(fairness)'의 가치들에 의해 변경된 공리성과 아마도 '권리(rights)'가 윤리적으로 더욱 적절한 처벌이론을 제공해 준다고 믿고 있다. 그러한 가치들은 처벌을 위해 엄격하고 높은 한계들을 배치한다. 비록 무시무시한 처벌이 사람들을 제지 시키기 위한 것으로 보여질 수 있다 해도, 그것은 여전히 그런 가치들에 의해 금지될 수 있는 것이다.

이 모든 것이 어떻게 자기이해 없는 돌봄의 기독교적 개념과 더욱 더 분명하게 관계되는가? 레이몬드 플란트(Raymond Plant)의 약간 주저하는 모습을 공유하면서, 나는 특별하게 기독교적 처벌이론이 있다고 확신하지 않는다. 과거 세대의 기독교인들은 한가지 이론(대개 보복이론)을 신뢰해 온 듯 하다. 오늘날 이것은 덜 명백한 듯 하다. 비록 용서가 그 이론의 기초로서 (에딘버러의 한 신학자가 최근에 주장한 바와 같이)[38] 간주된다 하더라도, 파편화된 사회는 여전히 가능한 모든 죄를 제지 시키거나, 그것을 최소한으로 포함시킬 필요가 있다. 그렇게 하도록 시도하지 않았던 사회는 실제로는 범죄의 희생자들을 보호했던 사회가 되지 못한 것이다. 공리성 이론들은 피하기 어려우며, 균형 이론들은 정의의 감각에 호소한다. 나는 많은 기독교인들이 (유대인들과 무슬림들 뿐만 아니라) 사회에서 다른 사람들과 함께 이러한 관심들을 나눈다는 것이 의심스럽다.

---

[38] Wood, C.(ed.), *The End of Punishment*, Centre for Theology and Public Issues Publication (New College, Edinburgh University and St Andrews Press, 1991).

그러나, 파편화된 사회에서 이기심 없는 돌봄에 관심을 가지는 기독교 윤리는 두 가지 독특한 방법으로 기존의 처벌 이론들에 영향을 끼칠 수 있다 기존 처벌 이론들을 수정하도록 주장함으로써 그리고 처벌을 넘어서는 세계관을 둠으로써. 워커는 일반적인 책을 썼기 때문에, 그는 자기 자신의 수정들을 "인도주의적인" 것으로 이름을 붙이는 것이 옳을 것이다(비록, 언급한 바와 같이, 그는 또한 용서와 자비 같은 몇 가지 명백한 기독교적 개념들을 사용했지만). 그러나, 그의 언급에서 "동정(compassion)", "돌봄(care)", "자기이해를 넘어서는 선" 같은 개념들은 덜 명백하다. 그러나 우리의 너무나 혼잡한 감옥들은 그러한 개념들의 빛에서 볼 때 심각한 수정의 요구 아래에 있다고 주장할 만 하다. 나는 이러한 매우 혼잡한 상황의 빛 아래에서 억지(deterrence)가 동정(compassion)에 의해 수정될 필요가 있다고 믿으며, 개혁(reform)이나 복원(rehabilitation)이 성취하기에는 너무나 어렵다는 것이 별로 놀랍지 않다는 사실을 발견한다. 그러한 많은 사람들을 가두는 것이 '더 나은' 사회를 성취한다거나, 그것이 수감중인 사람들이 변화하도록 격려를 할 수 있다는 많은 희망을 제공한다는 것은 분명하지 않다. 더욱이, 장기수들의 가족들 역시 그들 스스로 쉽게 죄없는 희생자들이 된다(보복 이론가들은 이것을 무시하는 경향이 있다. ─오직 공격 받은 사람들만을 "희생자들"로 간주하면서).

오늘날 기독교인들은 처벌의 대안적 이론을 가지고 있지 않지만, 특히 만일 우리가 성육신을 진지하게 고려한다면, 우리는 독특한 세계관을 가지고 있다. 성육신 신학(Incarnational Theology)은 우리가 우리 내부로부터 우리의 연약함과 시험을 아시는 하나님을 믿도록 격려한다. 그것은 또한 우리가 자기 이해를 넘어서서 사는 것이 가능하다는 사실을 믿도록 격려할 수 있다. 특히 처벌의 공리주의적 이론들은 인간이 자기이해로 감소될 수 있는 모든 것을 믿도록 감옥 사무실들, 법정들 및 사회를 부추길 수 있다. 사람들은 단순히 자신들이 처벌의 위협들에 의해 제지되지 않는 한 자신들 스스로에게 봉사하려고 한다. 이 이론 위에서, 우리는 우리가 생각하기에, 만일 우리가 항상 그것을 제거할 수 있다면, 우리는 모든 것을 훔칠 것이다. 인간의 연약함을 완전히 인정하면서, 성육신에 기초된 기독교 윤리학은 이보다 더 귀한 것을 제안한다.

최근에 이 주제에 관하여 로완 윌리암스(Rowan Williams)가 잘 주장 하듯이:

"처벌은 만일 그것이 건강한 사회에 대한 희망과 분리된다면, 결코 그리스도인들에게 이해될 수 없을 것이다. 그것은 일반적으로 개인들이 가치를 느끼고 지지를 받는다고 느낄 수 있는 사회를 전제해야 한다."[39]

이 주장 위에서 자기이해(self-interest)만으로는 단순히 진정한 돌봄의 사회를 만드는데 충분하지 않다. 처벌은 기껏해야 필요악으로 보인다. 최상으로, 그리스도 안에서 그것은 자기이해를 넘어서서 사는 것을 가능하게 해 준다.

이것을 명백하게 보고, 신학적 개념들을 분명하게 사용하는 범죄학자는 안소니 보톰스(Anthony Bottoms)이다. 그는 감옥 개혁보다도 처벌의 메타 윤리학적 질문들에 대해 관심이 덜하다. 죄수들과 구치소 공무원들에게 영향을 미치는 것으로 투옥의 목적을 수립하기를 추구하면서, 그는 존경, 돌봄 및 희망의 기독교적 개념들로 확인한 것을 중요한 역할로 본다.

보톰스는 투옥의 목적들을 규정하기 위해 지난 30년에 걸쳐서 행해진 여러 시도들을 추적한다. 이들 대부분은 1964년 감옥 규칙들에서 규칙 1의 모호하고 이상주의적인 목적에 대해 불만이 있었다: 이름하여, "범죄를 저지른 죄수들의 훈련과 취급의 목적은 선하고 유용한 삶으로 이끌기 위해 그들을 격려하고 보조해야 할 것이라는 것". 1980년대에 인도적 봉쇄(humane containmemt)라는 개념은 투옥의 목적들을 자세하게 말하려는 많은 시도들 가운데서 더욱 대중적인 개념이 되었다.

인도적 봉쇄라는 개념을 개발한 로이 킹(Roy King)과 로드

---

39 Williams, R., in *Theology* (March/April 1992).

몰간(Rod Morgan)은 그 개념이 세 가지 중요한 원리들로 구성되어 있다고 주장했다. 이들 중 첫째 원리는 최소한의 구금(custody)의 사용이 있어야 한다는 것을 상술했다:

'투옥은 다른 판결 형태들을 다 써버렸을 때, 혹은 범죄의 본질을 보아서 분명하게 부적절할 때, 마지막 수단으로서만 사용되어야 한다. 구금은 공공의 안전과 일치하는 최소한의 시간 길이로 사용되어야 한다.'[40]

둘째 원리는 최소한의 안전의 사용이 있어야 한다고 상술했다:

'죄수들은 어떤 현실적 위협에 반하는 공공을 보호하기 위해 필요한 안전의 정도만 조건으로 해야 하며, 죄수들은 할당된 감옥들에서 그들의 판결들을 완수한다는 것을 확실히 하는 것을 조건으로 해야 한다.'[41]

그리고, 셋째 원리는 죄수들의 정상화를 상술했다:

'자원이 허락되고 안전한 구금의 억제에 일치되는 한, 그 공동체에서

---

[40] King, R.D. and Morgan, R., *The Future of the Prison System* (Gower, 1980, p.34).

[41] *ibid.*, p.37.

죄수들의 삶을 지배하는 것과 똑 같은 일반적 기준들이 감옥에 있는 죄수들에게 적용되어야 한다.'[42]

분명하게 이러한 인도적 봉쇄의 전체 개념은 주로 몇몇 가치들에 의존한다. 정당전쟁 이론들(just war theories)과 비슷한 것은 투옥의 엄청난 효과들을 최소화하고, 감옥을 위해 도덕적으로 수용할만한 경계들을 공급하는 것과 관련된다. 그것은 죄수들이 권리를 가지거나 혹은 최소한 교도소 공무원들이 죄수들에 대하여 도덕적 의무를 가진다는 것을 가정한다. 사람들은 감옥으로 보내어짐으로써 처벌받아야 한다 그들은 그 자체로 감옥에 의해 처벌받지 말아야 한다. 그리고, 한 번 투옥되면, 그들은 인도적으로 다루어져야 된다.

그럼에도 불구하고, 보톰스는 인도적 봉쇄의 개념이 여전히 도덕적 어려움들을 겪고 있다고 주장한다:

"감옥 서비스 내에서, 인도적 봉쇄의 개념이 (그리고 명백하게 비인도적 봉쇄를 더 애호하는) 감옥 시스템을 운영하는데 있어서 본질적 요소인 반면, '봉쇄'(containment)의 개념은 목표로서는 불충분하다는 분명한 느낌이 있다. 우리가 생명 없는 대상들이나 동물들이 아니라 인간들

---

42 *ibid.*, p.37.

을 다루고 있기 때문에, '봉쇄'와 다른 그 무엇(그러나 인도적인)이 요구

된다고 생각된다. 달리 말하면, '인도적 봉쇄'의 개념은 존재론적으로

불충분한(ontologically insufficient) 것으로 인식된다."[43]

보톰스는 희망의 원리가 이렇게 존재론적으로 불충분함을

치료하기 위해 요구된다고 주장한다. 투옥의 목적들을 분명하

게 말하기 위한 시도에서, 그는 인도적 봉쇄 개념의 '인도적인

(humane)' 측면의 많은 부분을 수용한다. 그 역시 '투옥 그

자체는 제재(sanction)이며, 공식적인 규율행동의 방법을 제외

하고는, 죄수에게 부과되어야 한다'는 것을 믿고 있다.[44] 그에게

죄수들에 대한 의무는 존경과 돌봄 둘 모두를 포함한다. 후자는

'죄수들을 위해 인도적 조건들의 유지; 죄수들이 공동체에서

자신들의 가족들과 친구들과 연결을 할 수 있도록 시설을 공급

하는 것 그리고, 정상적인 삶으로부터 제거된 데 대한 해로운

영향들을 최소화 하기 위한 수행을 포함한다.'[45] 그러나, 그는

또한 이러한 의무들이 희망을 포함해야만 한다고 주장한다.

'장기수들에게 희망의 감각을 유지할 수 있도록 감옥 내에 구조

---

[43] Bottoms, A.E., 'The Aims of Imprisonment', in Justice, *Guilt and Forgiveness in the Penal System*, Centre for Theology and Public Issues Publication (New College, Edinburgh University, 1990, p.9).

[44] *ibid.*, p.17.

[45] *ibid.*, p.18.

와 활동을 촉진하는 것 그리고 모든 죄수들이 그들 스스로 향상될 적절한 기회를 공급하는 것 등을 포함한다'.[46]

죄수들에 대한 이러한 세 가지 의무들—존경, 돌봄 및 희망—을 정당화함에 있어서, 보톰스는 명백하게 기독교 윤리와 칸트 윤리의 결합을 이끌어낸다. 그는 세 가지 의무들이 상호의존적이라고 주장한다. 돌봄 없는 존경은 추상성(abstraction)보다 나은 것이 아니다. 존경 없는 돌봄은 쉽게 호의적인 독재가 될 수 있다—예를 들면, 노인들이 자신들의 희망과는 반대로 집 안에 있어야 하는 경우 그러나 추측컨대 그들의 이익을 위하여 집안에 있어야 하는 경우—. 그러나 희망 없는 이 두 경우 모두는 인도적인 '봉쇄'보다 나은 것이 없다. 보톰스에게는, 죄수들에게 희망과 방향감각을 보유하도록 도움을 주고, 그들이 자신들 스스로에게 더 나은 기회들을 주며, 그들에게 감옥생활이 야기하는 필요 불가결한 침체의 기간들을 없애도록 도움을 주도록 시도할 의무가 있다. 희망을 포함 함으로써만, 죄수들은 봉쇄를 넘어서는 비전이 제공될 수 있다. 그 봉쇄가 얼마나 인도적이든지 간에.

이것을 약간 다른 용어들로 표현한다면, 안소니 보톰스의 돌봄의 개념은 이데올로기적이고, 구조적이며 목적론적이다.

---

[46] *ibid.*, p.18.

매일 감옥에 관련된 사람들이 직면하는 깊은 좌절들의 맥락에서, 그는 도덕적 개념들이 결정적이라고 믿는다. 그의 돌봄의 개념은 명백하게 기독교에 대한 자기 자신의 이데올로기적 헌신에 많은 부분을 빚지고 있다. 그에게는 자신의 돌봄 개념이 실천 속으로 효과적인 전환을 할 수 있다는 것이 본질적이기 때문에, 그것은 또한 철저하게 구조적이다. 그리고 마침내 그의 개념은 투옥된 사람들에게 목적을 제공한다. 그것은 마태복음 25장에 나오는 양과 염소에 대한 왕의 명령을 매우 근접하게 성취하는 것이다.

4.

이들 아카데믹 논의의 세 가지 넓은 영역들 각각에서 내가 주장하는 바는 윤리적 이슈들이 진지하게 다루어지고 있고, 이것들은 심지어 파편화된 사회에서 조차도 자기이해 없는 돌봄의 개념들과 직접 관련되어 있다는 것이다. 나는 사회자체에 대한 어떤 확장된 분석을 잠시동안 연기했다. 그것은 다음 번 강의의 주제가 될 것이다. 나는 사회의 파편들이 포스트모더니즘의 더욱 광범위한 주제를 구성하며, 반대로, 이러한 주제는 기독교 윤리를 위한 흥미 있는 함의들을 가지고 있다고 주장할 것이다. 그러나, 그 모든 것은 내일을 위한 것이다.

오늘은 돌봄에 관한 심오한 질문들이 여러 분야의 지성인들에 의해 요청되고 있다는 것을 지적하는 것으로 충분하다. '왜 돌봄인가?'는 단지 신학자들만을 위한 질문만은 아니다. 그것은 현재 출현하고 있는 사회 구조들의 형태를 깊이 증명하는 질문이다. 명백하게 많은 사려 깊은 사람들이 돌봄을 행하며, 더욱이 깊은 돌봄을 행한다. 그러나, 어떤 구조적 형태들에서 이런 돌봄이 실현되어야 하는 것은—의료서비스 분야, 비즈니스와 경제 분야 혹은 심지어 감옥에서 긴급한 문제이며 계속적으로 논쟁거리가 되는 문제이다. 어제 말한 내 주장의 빛 아래에서, 이들 각각의 영역에 있는 기독교 지성인들이 이 논쟁의 선두에 서 있다는 것은 너무 놀라워서 발견할 수 없는 그런 일이 아니다.

제3장 도덕공동체와 포스트모더니즘

내가 지금까지의 강의에서 전개했던 주장은 분명한 어려움에 직면하게 된다. 파편화된 사회에서 자기이해 없는 돌봄에 대한 나의 변호는 도덕 공동체들, 특히 종교적 도덕 공동체들의 역할에 매우 의존한다. 나는 철학적으로 그리고 사회학적으로, 우리 사회에서 이기심 없는 돌봄은 기독교에 그 뿌리를 두고 있으며, 이러한 뿌리 혹은 이와 비슷한 뿌리들이 없다면 그런 돌봄은 많은 부분 통일성을 잃어버릴 수 있다고 본다.

그러나 여러분 가운데 많은 이들이 이 강의를 들음으로써 현재 우리가 지배적으로 세속적인 사회에서 살고 있다고 하는 것에 대해 확실하고 분명하게 알게 될 것이다. 신앙 공동체들은, 만일 자신들이 세속 세계에서 생존한다면, 완전히 사적인 기능을 가진다. 그 공동체들은 개개인의 도덕적 가치들을 형성할 수 있다—어떤 지점에 이르기까지. 개개인은 여전히 세상에서 살아야 하며 세속적 삶의 압력들을 피할수 없기 때문에, 심지어 이 지점이 엄격하게 제한된다. 우리는 세속 세계에서 생계를 꾸려 나가야 하고, 이것을 행하는 과정에서, 우리는 주로 지배적인 세속적 가치들을 수용하도록 강요 받게 된다. 비록 이기심 없는 돌봄 같은 기독교적 가치들이 여전히 제한된 사적 기능을 가진다 할지라도, 그것들은 현대 세계에서 진지한 공적 역할을 가질 수는 없다. 시장과 경제성장의 목적은 종교적 의무와 가치들보다 훨씬 더 공적인 행위를 형성하는 것 같다. 종교적 신념들에 대한 어떤 묘사는 너무 편향적이며, 종교 공동체들은 만약 그렇게 하지 않는다면 현대 세속 사회에서 너무나 무너지기 쉽다.

한 때 기독교적 가치들이 우리사회의 도덕적 가치들을 형성했다는 사실이 인정될 수 있다. 그러한 가치들은 한 때 우리 사회의 도덕적 가치들이었다. 중세시대에 교회와 정부는 거의 구별되지 않았다. 그들은 권위의 분리된 기초들이었으나, 분리된 기관들은 아니었다. 왕과 대주교는 똑같이 공통의 형이상학과 이러한 형이상학과 함께 했던 똑 같은 광범위한 가치들을 받아들였다.

그러나 이러한 용어들로 사회를 표현한다는 것은 우리가 더 이상 먼 곳에서 이 사회를 닮아가려는 그런 사실 안에서 살지 않는다는 것을 인식하기 위한 것이다. 이와 반대로, 우리는 세속적 상대주의와 물질주의에 의해 지배되는 것으로 보이는 사회에서 살고 있다. 항상 변화하는 상품들은 지배적인 사회적 목적을 구성하고 있는 듯 하다. 형식상으로 기독교는 영국 사회에서 많은 것들 가운데서 단지 하나의 선택일 뿐이며, 기독교에 대한 어떤 분명한 표현은 소수가 추구하는 것이다. 비록 여전히 상당 수의 사람들이 다소간 모호하게 스스로를 그리스도인이라고 말하지만, 단지 10명중 1명만이 정기적으로 교회에 출석하고 3명중 2명이 어떤 종류의 교회와도 적극적인 접촉을 하지 않고 있다. 그리고 대부분의 젊은이들이 더 이상 주일학교에 출석하지 않고, 과거에 학교에서 자세하게 기독교적 가르침을 받았던 것 보다는 덜하기 때문에, 그들이 기독교적 믿음과 어떤 일관된 접촉을 한다는 것을 생각할 수 있는 이유가 거의 없다. 더욱이 그들이 그렇지 않다는 것 우리 사회에서 이기심 없는 돌봄의 기독교적 뿌리들에 관한 나의 논제(thesis)를 더욱 더 어렵게 만드는 것과 분명하게 영국에서 기독교적 헌신들이 매 새로운 세대에서 감소한다는 것을 보여주는 점점 더 많은 실험적 증거가 있는 듯 하다.[47]

만일 영국에서 도덕적 가치들이 여전히 기독교에 의해 만들

---

[47] See my *The Myth of the Empty Church* (SPCK, Feb. 1993).

어진다면, 그것은 아마도 주로 무의식적인 방법으로 발생하는 것이다. 그것은 수 년 동안 종교방송에서 드러났던 변화를 관찰할 수 있는 패턴(무언가 양식에 맞추어진 형태)을 알아보기 위해 시도하는 것이다. 첫째 단계에서, 종교방송을 듣는(혹은 보는) 청중들이 교회와 채플의 교인 수를 능가했다. 사실상 종교적 실천은 가정 오락을 위한 부가물이 되었다. 둘째 단계에서, 종교방송은 황금시간대(a peak audience slot)에 방영되었으나, BBC의 '찬양의 노래(Song of Praise)'(뚜렷한 신앙적 헌신들을 보여주는) 같은 프로그램들은 ITV의 하이웨이(Highway) 같은 프로그램들(암묵적인 신앙적 헌신들을 보여주는)에 의해서 시청률을 추월 당했다. 셋째 단계에서, 아마도 하이웨이(Highway)는 요컨대 ITV 때문에 시청률이 하락하게 되며 비록 다수의 사람들이 충분히 광고주들에게 풍부하지는 않지만 ITV를 시청하는 사람들 때문에, 모든 종교 방송은 비인기 시간대(low-audience slots)로 밀려 나거나, 혹은 종교적 이슈들이 유선 TV방송으로 추방 되었다. 혹자는 이런 세속성을 각 단계별로 말할 수 있다: 적극적인 종교적 실천은 수동적인 종교적 실천으로 대치된다. 그 다음에 명백한 신앙적 헌신들이 주로 암묵적이 된다. 그리고 마침내 암묵적인 그러나 약한 헌신들이 단순히 비껴 나가게 된다(이 경우에 시장 압력의 결과로).

이것이 파편화된 사회에서 자기이해 없는 돌봄을 위한 패러다임인가? 첫째 단계에서, 자기이해 없는 돌봄은 적극적인 도덕적 헌신에서 양육된다 ─ 유대인이나 무슬림이든 혹은 영국에서 최소한 주로 그리스도인이든 간에. 둘째 단계에서, 자기이해 없는 돌봄은 사회의 암묵적 신앙의 부분으로 존재한다. 그러나 그것은 도덕적 헌신들과의 적극적인 연결들을 가지지 못하고 있다. 셋째 단계에서, 돌봄은 단순히 자기이해와 동일시되고, 만일 어떤 자기이해 없는 돌봄의 흔적들이 완전히 지금 세속사회 내에 남아 있다면 그것은 매우 작은 것일 뿐이다.

이러한 분석에서 다소간 분명한 일관성이 있음에도 불구하고, 여러분들은 내가 영국사회가 완전히 세속적이라거나 혹은 불가피하게 세속적인 사회가 되어 간다는 가정에 전적으로 동의하지 않는다는 사실을 이전 강의들에서 알았을 것이다. 이번 강의에서 왜 그런가를 보여주려고 한다. 다음 번 강의에서 나는 이와 관련된 문제를 탐구하려고 한다. 즉, 만일 교회들이 도덕적 문제들에 관해서 내부적으로 나누어져 있고 주변 사회에 의해서 많은 영향을 받는다면, 어떻게 교회들이 더 많은 돌봄을 받는 사회가 되도록 사회에 영향을 미칠 수 있겠는가? 내가 믿기에 이것은 흔히 교회들 내에서 상당한 정도의 수사(rhetoric)에 의해 감추어지는 결정적인 이슈이다. 그러나, 그 내용은 다음 번 강의에서 살펴 보려고 한다. 오늘 내 강의는 사회가 지금 너무나 세속화 되어서 어떤 종류의 신앙 가치들(영국에서는 여전히 유대인이나 무슬림보다는 더욱 더 기독교인의 가치가 우세한 듯하다)이 더 이상 공개 포럼에서 들을 수 있을지 없을 지에 관한 문제이다. 만일 그것이 그렇다면(세속화로 인해 더 이상 신앙 가치들을 들을 수 없는 상태라면 ― 역자 삽입), "왜 돌봄인가?"라는 질문에 대한 신학적 반응을 제공하려는 나의 시도는 완전히 소용없는 것이다. 비록 그것이 논리적으로 일관성이 있다 해도, 그것은 단순히 시대 착오이다. 한때 피터 버거(Peter Berger)가 말했듯이, 그것은 우리시대의 지배적인 "설득력 구조(plausibility structures)"와 거의 맞지 않는 것이다.[48]

1.

20세기의 전반기 동안, 종교적 이슈들에 관해서 많은 사회학자들과 사회 역사학자들 사이에 일반적인 의견일치가 있었다. 이러한 의견일치의 중심에 "세속화"라는 개념이 있었다. 이것은 19세기에 영국사회에 큰 영향을 주기 시작했던 과정으로, 20세

---

[48] See Berger, P.L., *A Rumour of Angels* (Doubleday, 1967 and Penguin, 1969) and *The Sacred Canopy* (Doubleday, 1967), and also published as *The Social Reality of Religion* (Penguin, 1973).

기에 제도적 교회들 스스로에게 점진적으로 영향을 끼쳐 왔던 과정으로 널리 인식 되었다. 간단히 말해서, 교회감소(church decline, 여기서 교회감소는 교인 수 감소를 뜻한다: 역자 주)는 종교적 믿음(religious belief)의 위기로 시작되었다는 것이다. 19세기와 20세기 초의 몇몇 뛰어난 지성인들 — 그 중에서도 특히 다윈, 막스, 프로이드 — 의 점진적인 영향은 종교적 믿음이 점차로 더욱 더 많은 사람들에게 "설득력이 없는(implausible)" 것이 되었고, 그 결과 교회출석은 서서히 감소되었으며 다른 레져 활동들로 대치되었다는 것이다. 최근에 빈 교회들은 이러한 오랜 세속화 과정 가운데서 가장 최근에 일어난 현상이다. 이러한 이해 위에서, 빈 교회들은 그들 스스로가 세속화의 원인으로 작용한 것이 아니라, 아마도 세속화의 산물과 증상일 것이다.

이 과정은 문화적 용어로 오웬 체드윅(Owen Chadwick)에 의해 "유럽정신의 세속화(the secularization of the European mind)"[49]로서 특징화되었다. 피터 버거(Peter Berger)는 그것을 더욱 구조적 용어로 세속 세계에서 종교 기관들이 점점 더 "이탈적인 인지적 소수(deviant cognitive minorities)"의 상태를 취하는 과정으로 보았다.[50] 그 종교기관들은 엄격하게 사회학

---

[49] Chadwick, O., *The Secularization of the European Mind in the Nineteenth Century* (Cambridge University Press, 1975).

적 의미로 보면 이탈적(deviant)이다 — 그들은 규범에서 벗어나 있다. 비록 종교적 신앙인들이 남아 있을지라도, 이들 두 학자에게 세속화는 점차로 종교 기관들을 침식시켰던 종교적 믿음의 위기로서 출발되었다.

한때 종교적 믿음은 견고해졌으나, 제1차 세계 대전에 의해 야기된 광범위한 환멸 혹은 20세기 후반 기술의 유혹들 역시 교회출석에 영향을 미쳤다는 것은 그리 놀랄 만한 것이 못 된다. 믿음을 뒷받침해 주는 의견일치가 없이, 교회출석은 자연히 점점 더 감소하게 되었다. 그러므로, 대체로 어떤 급격한 사회변화는 지금 점점 더 많은 빈 교회들을 초래할 것 같다.

이러한 이해 위에서, 도시화는 상당한 변화들에 영향을 미쳤다. 심지어 무너지기 쉬운 종교적 신념들 조차도 얼굴을 맞대고 사는 시골 공동체들에서는 여전히 지탱될 것이다. 그러나, 한번 도시환경의 익명성이 자리를 잡으면, 신념들이 위축되며, 자기 이해없는 돌봄 같은 가치들이 신념들과 함께 쇠퇴하는 것을 발견하는 것은 아마도 그리 놀라운 일이 아닐 것이다. 테드 위캄(Ted Wickham)이 1950년대에 지적한 바와 같이[51], 이것은 특히 교회들이 그들 스스로 19세기 후반과 20세기 초반의 빠른

---

50 Berger, P.L., *The Heretical Imperative: Contemporary Possibilities of Religious Affirmation* (Collins, 1980).

51 Wickham, E.R., *Church and People in an Industrial City* (Lutterworth, 1957).

도시 성장에 대해서 충분할 정도로 빠르게 대처하는 데 실패했다고 평가될 때와 같은 것이다. 교회들은 단순히 도시 지역들에서 (특히, 새로운 산업근로 계층들에게) 종교적 헌신을 보존할 수 있는 일종의 후원 네트웍을 공급하는 데 실패했다. 어떤 경우에, 아마 도시 지역들은 주로 시골교회들에게 부적합한 장소들이었을 것이다. 교회들의 구조나 열정도 도시 지역들에 적합하지 않았다. 무너지기 쉬운 믿음들은 작은 규모의 공동체들에 자신들의 생존을 의존한다. 그런 공동체들의 부재 상황에서, 종교적 믿음들은 곧 도시들에서 사라져 버렸고, 교회출석과 기독교적 가치들의 점진적인 감소가 필수적으로 뒤따랐다.

이 전체과정은 로버트 커리(Robert Currie), 알란 길버트(Alan Gilbert), 리 홀스리(Lee Horsley)가 쓴 '교회들과 교회출석자들'(Churches and Churchgoers)[52]이란 책에서 통계적으로 서술되었다. 그것은 내가 방금 윤곽을 그렸던 것에 대해 많은 부분의 의견일치를 위해 지난 15년 동안 권위 있는 출처를 공급해 왔다. 그것은 교회감소의 객관적인 이해에 이르게 하려는 시도에서 선구자적 작업으로 행해져 왔으며, 지금 사회역사학자들과 사회학자들에 의해 광범위하게 사용되고 있다. 더욱이 그것은 교회들과 관계된 통계적 데이터를 철저하게 조사하도록

---

[52] Currie, R., Gilbert, A., and Horsley, L., *Churches and Churchgoers: Patterns of Church Growth in the British Isles Since 1700* (Oxford University Press, 1977).

신 세대의 학자들을 고무시켰다.[53] 불행하게도, 곧 내가 '빈 교회의 신화(The Myth of the Empty Church)'[54]라는 약간 자극적인 제목으로 출판할 교회들에 대한 나의 실험적 연구는 (이런 기존의 입장의) 거의 모든 점이 잘못되었다고 주장한다. 심지어 위캄(Wickham)의 분석도 완전히 실수였다고 주장할 것이다.

'교회들과 교회 출석자들(Churches and Churchgoers)'에서 제공된 예측으로부터, 영국 주류 교단들의 미래는 어둡다. 그것은 종교 기관들의 미래가 교회들(churches)이나 교파들(denominations)보다는 종파들(sects)에 달려 있다는 브라이언 윌슨(Bryan Wilson)의 판단과 일치한다.[55] 종파들(sects)은 홀로 적대적인 주변 문화의 영향들을 줄이기 위해 요구되는 강력한 통제 구조들을 가지고 있다. 특징적으로 세속적인 세상에 반대하여 보호 장벽들을 설치하는 것이 종파들이다. 그들의 멤버십에 대한 배타적인 조건들, 높은 자긍심, 엄격한 조직 구조들, 배타적인 교리적 입장들, 이런 것들이 이를 성취하기 위한 모든 중요한 수단이 된다. 반대로 그리고 점점 증가하는 세속환경에

---

[53] e.g. Cox, J., *The English Churches in a Secular Society: Lambeth, 1870-1930* (Oxford University Press, 1982) and Brown, C., *The Social History of Religion in Scotland since 1730* (Methuen, 1987).

[54] See my *The Myth of the Empty Church, op. cit.*

[55] Wilson, B., *The Social Dimensions of Sectarianism: Sects and New Religious Movements in Contemporary Society* (Oxford University Press, 1990).

서, 주류교파들―그들의 포괄적인 멤버십 형태, 특별성의 부족, 산만한 조직 구조들, 다원주의적 교리적 입장들―은, 만일 그것이 사실이 아니라 해도, 실질적인 소멸의 운명에 놓여 있다. 여기에 내가 다음 번 강의에서 탐구할 종파들의 사회적, 도덕적 역할에 대한 중요한 통찰력이 있다.

그러나 '교회들과 교회 출석자들(Churches and Churchgoers)' 이 출판된 이후로, 종교 사회학자들과 종교를 연구하는 사회 역사학자들 사이에 세속화에 대해 매우 상당한 의견 변화가 있었다. 커리(Currie), 길버트(Gilbert), 홀스리(Horsley)는 세속화 개념에 대한 다소간의 초기 비판들을 분명하게 인식하고 있었지만, 그들은 여전히 세속화가 교회 감소를 설명하는 핵심적인 요소라고 주장했다. 15년 후에, 여전히 세속화를 그 전에 종교적이었던 모든 것들을 휩쓸어 간 불가피한 과정으로 보는 소수의 전문가들 이외에 다른 그 무엇을 찾아보기는 어렵게 되었다.

현재 "세속화"가 너무나 유럽 중심의 개념이라고 흔히 주장되고 있다. 세 가지 증거 유형들은 대개 이 주장을 지지하기 위해 인용된다. 내 저서 '경쟁하는 신념들(Competing Convict-ions)'[56]에서 이것을 더 충분하게 조사했는데, 그래서 아마도

---

[56] See my *Competing Convictions* (SCM Press, 1989).

나는 여기서 그것들을 언급할 수 있다. 첫째, 최근에 세계 다른 곳에서 기독교, 이슬람, 그리고 다른 종교 시스템들 내에서 근본주의자 부흥들에 대한 증거가 있다. 둘째, 중동에서의 국가적 충돌들, 심지어 대영제국(United Kingdom)의 한 지역 내에서 조차도 파워로서 종교의 지속적인 역할에 대한 증거가 있다. 셋째, 다른 곳에서 처럼 아마 '세속적인' 영국 내에서도,"비공식적인" 혹은 "암묵적인" 종교 형태들의 지속성에 대한 증거가 있다. 이들 세 가지 증거 유형들의 결과로서, 오늘날 대개 학자들은 더욱 더 영국을 "세속화된" 사회가 아닌, "종교적으로 다원화된" 사회라고 말한다. 심지어 몇몇 학자들은 세속화를 낡은 모더니즘의 특징으로 본다: 그들은 현재 우리가 "포스트모던" 혹은 "후기 산업"사회에 살고 있다고 본다. 나는 잠시동안 모더니즘과 포스트모더니즘을 더욱 자세하게 규정할 것이다.

더욱이 세속화는 결코 교회출석 감소의 매우 유용한 설명이 되지 못했다. 이에 대한 이유들의 그 어느 것도 완전히 상황이 다른 미국의 증거를 거의 인식하지 못한다는 것이다. 영국에서의 교회출석이 가장 빨리 감소하고 있었던 바로 그 기간에 미국에서의 교회출석은 증가했다. 그러나 양쪽의 정황에서 고등교육은 세속적인 지적 문화의 확장을 가져왔음에 틀림없고, 추측건대 그에 따라서, 교회출석의 점진적인 침식이 뒤따랐다. 반대로, 나의 연구는 세속화에 대한 자세한 주장들 그것이 종교

기관들과 관련된 이론인 경우에 있어서는 이 교회출석에 관한 다수의 장기간의 센서스 데이타의 빛 아래에서는 유지될 수 없다고 주장한다.[57] 그러나, 이런 조사의 요점은 불가피한 세속화 과정이라는 개념에 기초한 설명들이 강하게 경쟁적이 되도록 보일 때 비로소 분명하게 된다. 만일 더 깊은 분석이 진행되기 전에 먼저 질문 되어야 하는 한 가지 핵심적 신화가 있다면, 그것은 다음과 같다:

"교회출석 감소는 주로 19세기에 과학적, 이성적 사고의 발달로부터 결과한, 그리고 20세기에 전쟁과 기술에 의해 증가된 종교적 믿음의 점진적인 손실로부터 비롯된다."

내가 주장하는데, 이것은 엄격하게 말해서 하나의 신화이다—그것은 사실이거나 사실이 아닌 그러나 아마도 사실이 아니라고 여겨지는 사회적으로 영향력 있는 스토리라는 점에 있어서. 이 핵심적인 신화가 도전 받지 않고 남아있는 한, 빈 교회는 지성적으로는 문제가 되지 않았으며, 교회들의 기본적인 시대착오 그리고 교회들이 장려하기를 추구했던 자기이해 없는 돌봄 같은 그러한 가치들에 대한 점진적인 시대착오가 추측될

---

[57] See my *The Myth of the Empty Church, op. cit.*

수 있다. 교회들로부터 비롯된 가치들은 세속세계에서는 단순히 부적절한 것으로 여겨질 수 있다. 가끔씩 있는 교회출석의 부흥들은 여전히 속기 쉽고 미신적인 사람들 가운데서 기대될 수 있을 것이다. 그러나, 점점 더 교육을 받은 사람들 가운데서는 교회출석 그리고 교회출석과 함께 신념들과 가치들이 불가피하게 감소하는 그리고 사회적으로 덜 중요한 활동 형태가 될 것이다. 그 결과, 한 때 교회들에 의해 양육된 자기이해 없는 돌봄 같은 가치들은 더욱 널리 세상에서 그 중요성 혹은 의미가 감소될 것이다.

그러나, 한번 이러한 핵심적인 신화가 도전을 받게 되면 그리고 나의 실험적 연구가 그 신화에 대해 매우 강하게 의문을 제기하면 그 논쟁은 근본적으로 바뀐다. 이것은 특히 제도적 교회들 내에서의 출석 감소가 서구 세계의 몇몇 지역과 몇몇 교파들만의 특징으로 보여질 수 있는 경우에 그러하다. 한번 세속화 개념을 더 이상 무비판적으로 의존하는 것을 받아들이지 않게 되면, 교회들은 새로운 복잡한 상황을 맞이하게 된다. 신중한 학자는 데이터에로 돌아가도록 그리고 새롭고 익숙하지 않은 질문을 하도록 압력을 받게 된다. 물론 문제들은 남아있다. 만일 사회에서의 가치들에 대한 나의 주장이 정확하다면, (내가 100년 그리고 그보다 더 이전까지 추적해 본) 현재 영국 교회들의 출석감소는 심각한 문제들을 나타낸다. 그러나, 그런 문제들은 완전한 세속화 모델들이 수반하는 일종의 불가피한 문제들이 아니다.

여기서 나는 이 모든 실험적 함의들을 추적해 나갈 수는 없다. 그것은, 내가 염려하는 바, 당연히 시리즈 강의를 하는 것이다. 어쨌든 여러분은 내 저서인 '빈 교회의 신화'에서 그것을 충분하게 발견할 것이다. 그 대신 이 강의에서 내가 할 수 있는 것은 매우 중요한 패러다임 변화(paradigm shift)라고 보이는 것에 대한 다소간의 윤리적 함의들에 포인트를 맞추려고 한다.

2.

나는 점점 더 알라스데어 메킨타이어(Alasdair MacIntyre)의 '덕의 상실(After Virtue)'(이진우 역, 서울: 문예출판사, 1977)이 이러한 패러다임 변화의 윤리적 함의들에 대한 몇 가지를 이해하는 데, 그리고 오늘날 사회에서 이기심 없는 돌봄의 장소를 이해하는 데 중요한 것이라고 확신하게 되었다. 만약에 지난 십 여년간 학문적으로 기독교 윤리학의 논의들을 지배해 왔던 한 권의 책이 있다면, 그것은 '덕의 상실(After Virtue)'이라는 책이다. 1981년에 처음 출판된 이 책은 빠르게 오랫동안 도덕철학을 지배해 왔던 가정들 및 기독교 윤리학을 관통해 왔던 가정들에 대한 중요한 도전으로 인식 되었다. 사회과학과 철학 그리고 기독교를 통하여, 막스주의에로, 그리고 마침내 다시 기독교로 돌아온 메킨타이어의 개인적이며 지성적인 순례는 많은 기독교 윤리학자들이 전혀 저항 할 수 없는 것으로 나타났다. 여기서 위대한 것은 20세기 후반의 파편들, 변화들 및 지성적 영향들을 구현한 한 개인이다. 만일 우리 시대에 돌봄의 공동체를 찾아 나선 지성인이 있다면 그는 메킨타이어이다. 잠시동안 내가 제공할 정의(definition)라는 측면에서, 그는 포스트모더니즘의 한 보기이다.

아마도 메킨타이어의 '덕의 상실(After Virtue)'에 나타난 가장 놀라운 주장은 우리의 다원주의 문화에서 도덕철학이 순수하게 이성적 수단을 통하여 골치 아픈 도덕적 딜레마들을 풀려는 그 핵심적 과제를 이루는 데에 명백하게 실패했다는 점이다. 계몽주의 이후로, 도덕철학의 자기 지명(self-appointment)과제는 도덕적 이슈들이 이성적 토론을 통하여 해결될 수 있다는 것을 보여주었다. 도덕철학은 형이상학에 의존하거나 반드시 일종의 종교적 계시에 의존할 필요가 없다. 그 대신 도덕철학은 이성적 개인들이 전적으로 이성적 주장들을 통하여 도덕적 문제들에 대해서 설득 당할수 있다는 것을 보여주는 것을 목적으로 한다. 도덕철학의 과제는 도덕적 딜레마들을 명료화 하는 것이고, 이러한 명료화를 통하여 그 딜레마들을 해결하는 것이다. 만일 이것이 도덕철학의 목적이라면, 메킨타이어가 주장하듯이, 그것은 명백하게 실패했다. 현대사회는 도덕적 일치에 의해서가 아니라 도덕적 논쟁들의 불협화음들로 특징화 되고, 이성적 수단을 통하여 그러한 불협 화음들을 해결하는 것이 불가능해 보인다. 도덕적 논쟁들은 "끝이 없는(interminable)" 것이 되어 왔다: '나는 이것이 단지 그러한 논쟁들이 끝없이 진행될 것이며 비록 그런 논쟁들이 있지만 분명하게 종착지를 발견할 수 없다는 것을 말하는 것은 아니다. 우리문화에서 도덕적 일치를 보장하는 이성적 방법은 없는 듯하다.'[58]

'덕의 상실(After Virtue)'은 그러한 '끝없는' 논쟁들이 몇 가지 범주 안에서 보여질 수 있다고 주장한다. 현재 미국에서는 특히 낙태논쟁이 특징적인 것 같다. 이 논쟁은 주장과 반대주장에 의해서라기보다는, 이성적 논리에 의해서 덜 특징적인 것 같다. '아직 태어나지 않은 아이의 생명에 대한 권리'는 '자기 자신의 몸을 통제하려는 여성의 권리'에 의해 흠집이 나 있다. 이러한 권리를 주장하는 양쪽의 그룹들은 매우 열정적으로 돌봄을 행한다 그러나 그들 돌봄의 대상은 근본적으로 다르며, '해결할 수 없는' 것이다. 메킨타이어가 주장하듯이, 그러한 '권리들'에

---

58 MacIntyre, A., *After Virtue* (Duckworth, 1981, p.6).

대한 논쟁은 실제로 이성적 수단을 통해서 해결할 수 없다. 그것들을 이성적으로 해결하기 위한 노력으로 내놓은 주장들에 대해서 균형을 잡는 것 보다는 대법원의 정치적 혼합물들을 계산하는 것이 더 적절한 것일 수 있다. 이와 비슷하게, 전쟁의 도덕성에 대한 논쟁들의 맥락에서(베트남 전쟁이 명백한 보기가 되었다), "정당 전쟁(just war)"을 성립시켜야 하는가 혹은 성립시키지 말아야 하는가에 대한 경쟁적인 주장들을 해결하기 위한 이성적 방법이 없는듯 했다.

그러나, 메킨다이어가 주장하듯이, 분석적 도덕철학은 그러한 이성적 해결을 제공하는 것을 목적으로 한다. 더욱이 그것은 '어떠한 호소가 서로 상충하는 이익을 가진 측들과 경쟁 함으로써 만들어질 수 있는가에 대한 이성적 원리들을 제공하기를 열망한다.'[59] 사회정의에 관해서 존 롤스(John Rawls)와 로버트 노직(Robert Nozick) 사이에 행해진 유명한 논쟁에서 보다 더 이것을 잘 보여주는 경우는 없다. 메킨타이어는 그것이 자신의 최근 도덕적 불일치에 대한 끝없는 성격의 이론과 잘 조화를 이룬다는 것을 보여주기 위해 이 논쟁을 자세하게 재검토한다. 오늘날 사회적 돌봄과 사회정의에 관한 논쟁을 해결하는 것과는 거리가 먼 것으로, 롤스와 노직은 자신들의 해결할 수 없는

---

[59] *ibid.*, p.246.

차이점들과 "원자화된 개인주의(atomized individualism)"에서 자신들의 공통적인 기초를 증명해 보였다:

> "롤스는 사실상 필요(needs)라는 측면에서 제1원리를 평등의 원리로 간주한다. 공동체의 '최악(worst off)' 영역이라는 그의 개념은 수입, 부, 그리고 다른 상품이라는 측면에서 필요가 가장 큰 사람들이라는 개념이다. 노직은 자격(entitlement)이라는 측면에서 제 1원리를 평등의 원리로 간주한다. 롤스에게는, 지금 중대한 필요가운데 있는 사람들이 어떻게 그런 중대한 필요의 상태가 되었는가 하는 질문은 부적절한 것이다 정의는 과거의 부적절한 것에 대한 현재의 분배 패턴의 문제로 이루어진다. 노직에게는, 과거에 합법적으로 획득된 것에 대한 증거만이 적절한 것이다 현재의 분배패턴들은 그 자체로는 '정의'에 대해 부적절함에 틀림없다."[60]

자연히 이 점에서 메킨타이어에 대한 비판이 있었다.[61] 몇몇 사람들은 그가 현대의 도덕적 논쟁들의 풀리지 않는 지루한 성격을 과장한다고 주장했다. 다른 이들은 매우 반대 입장에서 이런 상황에 대해 별로 새로운 어떤 것이 없다고 주장했다. 경쟁은 항상 이성적 논쟁의 특징이 되어 왔다. 나로서는, 내가

---

[60] *ibid.*, p.248.

[61] e.g. Stout, J., *Ethics After Babel: The Language of Morals and Their Discontents* (James Clarke, 1988).

그의 비판적 입장(만일 그의 주장들이 항상 모호한 것이 아니라면)이 매우 교훈적이란 사실을 발견한다. '권리(rights)'에 관한 논쟁들, 심지어 돌봄에 깊이 관계된 것들에 의한 논쟁에 있어서조차도, 때때로 논리적 질문보다는 정글전쟁을 닮을 수 있다. 메킨타이어의 정의(justice)에 관한 예화는 또 다른 핵심적 이슈를 잘 예증해 주고 있다: 롤스와 노직 두 사람 모두는 그런 도덕적 이슈들이 단지 자기 자신들의 자원들로부터 이성적으로 주장하는 개개인들을 통하여 사회에서 해결될 수 있다는 그런 '믿음(belief)'을 제공한다. 최근 기독교 윤리학에서 아주 강력하게 제기되는 문제는 많은 도덕철학이 버림을 당했던 순수하게 개인적이고 이성적인 패러다임이 부적절하다는 것이다. 사회 내에서 적절하게 도덕적 이슈들을 해결하기 위해서는 가치들을 함께 공유하는 어떤 공동체 혹은 공동체들을 필요로 한다 — 이런 가치들이 그 가치들을 가진 개개인들 전체에 의해서 이성적으로 정당화 될 수 있든지 없든지 간에.

그리고 물론 그것은 내가 첫번째 강의에서 그런 통계를 사용함으로서 시도하려고 했던 점이다. 실험적으로 이기심 없는 돌봄을 수행하는 사람들은 불균형적으로 예배 공동체들에 속해 있는것 같다. 이타심(Altruism)은 단순하게 외로운 활동이 거의 아니다. 그것은 도덕 공동체들에 속한 사람들과 가장 강력하게 연관되어 있고, 심지어 그런 도덕 공동체들의 산물일 수 있다.

이러한 모든 것은 철저한 세속화 이론(the thoroughgoing secu-larization)을 파괴시키는 것이다: 만일 돌봄이 도덕(그리고 특히 예배) 공동체들에게 매우 의존한다면, 세속화의 결과로써 그런 공동체들의 불가피한 소멸은 우리 사회에서 이기심 없는 돌봄의 미래를 위해서 나쁜 조짐이다. 그러나, 만일 그 대신에 데이터(the data)는 세속화가 그 전에 도덕 공동체들을 휩쓸어가는 다소간의 불가피한 과정이 아니라고 제안한다면, 그 때 이기심 없는 돌봄은 결국 장래성이 있다.

사실상, 메킨타이어는 롤스와 노직 같은 도덕 철학자들이 '마치 우리가 다른 개개인의 그룹과 함께 무인도에 난파 된 것처럼, 그들 각자는 나에게 그리고 모든 다른 사람들에게 낯선 사람' 이라 주장한다고 논박한다.[62] 심지어 사회적으로 의식적인 롤스(Rawls)조차도 자신의 유명한 정의론(A Theory of Justice)의 언급을 '무지의 베일 뒤에 놓여 있는' 개인의 이성적 행위자(agent)로 시작한다.[63] 반대로, 메킨타이어는 덕(Virtues)의 전통과 갑자기 생기는 도덕 공동체들이 도덕적 불일치들을 해결하기 위한 더욱 만족할만한 기초를 제공한다고 생각한다. '덕의 상실(After Virtue)'의 유명한 마지막 단락에 이 점이 명백

---

[62] *After Virtue*, p.250.

[63] Rawls, J., *A Theory of Justice* (Harvard University Press, 1971, p.136).

하게 나타나 있다:

"이 단계에서 문제가 되는 것은 시민성과 지성적, 도덕적 삶이 이미 우리에게 있는 새로운 어둠의 시대를 통하여 유지될 수 있는 지역적 공동체 형태들의 건설이다. 그리고 만일 덕(the virtues)의 전통이 마지막 어두운 시대의 공포에서 생존할 수 있었다면, 우리는 희망을 위한 기초가 완전히 없는 것은 아니다. 그러나 이제 이방인들은 국경을 넘어서 기다리고 있지 않다 그들은 이미 언젠가 우리를 지배하고 있었다. 그리고 그것은 우리의 곤경의 일부를 구성하는 우리 의식의 부족이다. 우리는 고도(a Godot: 오지 않는 그 무엇 혹은 막연한 희망. 역자 주)를 기다리지 않고, 다른 — 의심할 여지 없이 매우 다른 — 성 베네딕트(St. Benedict)를 기다리고 있다."[64]

도덕 공동체들이 세속화의 파괴 이후까지 생존할 수 있다는 메킨타이어에 의해 제공된 이러한 한 가닥의 희망은 분명히 과장된 것이 아니다. '덕의 상실(After Virtue)'에 대한 결론은 눈에 띄게 냉혹하다. 더욱이, 이러한 냉혹성은 그것이 해결하는 것 보다 더 많은 문제들을 야기시킨다는 것이 곧 분명하게 되었다. 예를 들면, 그 책은 도덕 공동체들과 종교 기관들 사이

---

[64] *After Virtue*, p.263.

의 관계에 대해 아주 모호한 상태로 남아있다.

메킨타이어는 자기 스스로 분명히 이 점을 보았다. 이로 인해 그는 여러 종교학자들과 함께 일련의 공동 연구를 했다. 스탠리 하우어와스(Stanley Hauerwas)는 자신의 저작들에서 '덕의 상실(After Virtue)'을 상당하게 이용했다. 더욱이, 1985년 많이 논의된 '마음의 습관들(Habits of the Heart)'을 출간한 로버트 벨라(Robert Bellah)가 이끄는 미국의 사회학자 그룹은 자신들의 '공동체(Community)'를 정의하기 위해서 메킨타이어를 이용했다. 이 책은 도덕적 개인주의에 대한 메킨타이어의 비판을 계속하고 있으며, 공동체들이 사회의 가치들을 양육하고 유지하는데 있어서 본질적이라는 그의 믿음을 묘사하고 있다.

나는 확실히 '마음의 습관들'이 다른 학자들에게 무비판적으로 받아들여졌다고 주장하려는 것은 아니다. 방법론적으로 미국인들의 관습에 대한 그 주장들의 몇몇은 200명의 피면접자들의 제한된 샘플 위에 기초된 것으로서 터무니 없는 것이다. 더욱이, 내가 나의 다른 저서에서 보여주려고 했던 바와 같이,[65] 그것은 시민종교에 관한 그의 영향력 있는 저작에 처음으로 표현된, 미국 문화의 다원주의 아래에는 외견상 다양한 종교 기관들로부터 파생된 도덕적 신념의 연속성들이 있다고 하는

---

[65] See my *Christian Ethics in Secular Worlds* (T&T Clark, 1991).

벨라의 기능주의적 확신을 존속시킨다.

그럼에도 불구하고, '마음의 습관들'은 최소한 공동체에 대한 이용할만한 정의를 제공한다. 저자들은 이론적으로 한 편으로 '고립된 집단 거주지(lifestyle enclaves)'와 다른 한편으로 '공동체(communities)'를 주의 깊게 구별한다.

"고립된 집단 거주지는 다소간의 사적인 생활의 특징들을 공유하는 사람들에 의해 형성된다. 고립된 집단 거주지의 멤버들은 공유하는 외관, 소비, 레저활동 패턴들을 통하여, 흔히 자신들을 다른 라이프 스타일을 가진 사람들과 예리하게 구별하는 자신들의 정체성을 표현한다. 그들은 상호 의존적이지 않고, 정치적으로 함께 행동하지 않으며, 역사를 공유하지도 않는다."

반대로, "공동체"는:

"사회적으로 상호 의존적이고, 함께 의논과 의사결정에 참여하며, 공동체를 규정하고 공동체에 의해 양육되는 어떤 실천들을 공유하는 사람들의 그룹이다. 그런 공동체는 빨리 형성되지 않는다. 그것은 거의 항상 역사를 가지고 있으며, 그래서 또한 기억의 공동체이며, 부분적으로 공동체의 과거와 그 공동체의 과거의 기억에 의해서 정의(definition)된다."[66]

---

[66] Bellah, R., Madsen, R., Sullivan, W.M., Swidler, A., and Tipton, S.M., *Habits of the Heart: Middle America Observed* (Hutchinson, 1985, pp.333-5).

한번 이런 정의들이 '덕의 상실(After Virtue)'에 부가되면, 이 주제는 더욱 강력하게 된다. 잠시동안 나는 기독교윤리학자들이 공동체 위에 새로운 강조점을 두도록 격려했던 사회적 맥락을 보여주려고 시도할 것이다. 다음 번 강의에서 나는 심지어 포스트모던 사회에서 조차도 영향을 미칠 수 있는 여러 가지 돌봄의 방법들을 제공하는 것은 공동체들과 고립된 집단 거주지들(그러나 대부분 공동체들)의 혼합이라는 것을 주장할 것이다.

3.

가치들과 도덕 공동체들 사이의 연결에 특별한 강조점을 두었던 이전 세대의 기독교 윤리학자는 '기독교적 맥락에서의 윤리학(Ethics in a Christian Context)'[67]을 저술한 폴 레만(Paul Lehmann)이다. 기독교인의 도덕적 의사결정에서 코이노니아(Koinonia)와 코이노니아의 핵심적 역할에 대한 그의 강조는 죠셉 플레쳐(Joseph Fletcher)가 그의 매우 영향력 있는 '상황윤리(Situational Ethics)'[68]에서 주장한 극단적 개인주의(the ex-

---

[67] Lehmann, P., *Ethics in a Christian Context* (SCM Press, 1963).

treme individualism)에 대한 중요한 대안이었다. 플레쳐 처럼, 레만은 도덕적 결정들이 단지 특별한 맥락에서만 적절하게 이루어졌다는 것을 믿었다: 두 신학자는 추상적인 도덕적 규칙들에 대한 일반적인 불신을 공유했다. 그러나, 플레쳐가 기독교 윤리학에 독특성을 부여하는 것이 아가페(agape)라고 믿었던 반면, 레만은 기독교 윤리학의 독특성을 명백하게 한 것은 개인적인 것이 아니라, 코이노니아(Koinonia)라고 믿었다. 레만의 접근은 도덕철학에서 개인적 패러다임의 뚜렷한 실패에 의해서라기 보다는 기독교윤리학의 내부적 논쟁들에 의해서 더욱 동기부여를 받았다. 그러나, 그것은 만일 플레쳐가 아가페의 독특성을 너무 강조했다면, 레만은 코이노니아에 너무 강조점을 두었다는 것이 빈번히 주장되었다. 개개인 그리스도인들이 항상 아가페를 예증하거나 지키지 않았던 것처럼, 기독교 공동체들의 실제적 보기들은 레만의 이상화된 코이노니아의 비전과 잘 조화를 이루지 않았다는 것은 비평가들에게는 너무나 명백한 사실이었다. 어떻게 기독교적 코이노니아가 더욱 널리 다원주의 사회에서의 가치들에 적절했는가 하는 것은 분명하지 않았다. 기독교윤리학은 게토(ghetto)로 제한되는 것 같았다: 그것의 독특성은 그것의 고립을 보장해 주었다. 예컨대, 기독교

---

68 Fletcher, J., *Situation Ethics* (SCM Press, 1966).

윤리학의 독특성은 종파주의(sectarianism)를 포함하는 듯 했다. 오늘날 이와 비슷한 문제가 스탠리 하우어와스(Stanley Hauerwas)의 저서들에서 흔히 주목을 받아왔다.

이러한 딜레마를 해결하기 위해서, 나는 첫 강의에서 언급을 했으며 내일 강의에서 더 깊이 시도하려고 하는 중요한 구별이 이루어져야 한다는 것을 믿고 있다. 기독교 공동체들은 기독교적 가치들의 본보기들(exemplars)이라기보다는 차라리 선구자들이며 (아마도 무의식적인) 전달자들일 것이다. 물론 기독교 공동체들은 기독교적 가치들의 본보기들일 수 있지만, 너무나도 흔히 그들은 죄를 갖고 있으며(혹은 죄를 갖고 있거나) 사회적으로 부자연스러운 것이다(socially constrained). 흔히 신문들은 기독교 공동체들이 사실상 그들 자신이 공언한 가치들 위에서 살지 못하는 모습을 지적하기를 좋아하는 것같다.

최근에 에이레(Eire)의 주교인 케이시(Casey)는 테블로이드판 신문에 야외 집회일(a field-day)을 제공했다. 또한 영국 성공회 신부는 테블로이드 판에 비슷한 자료를 실었다. 의심할 여지 없이 이것은 고통스런 일이지만, 아마도 기독교 공동체들은 흔히 조롱하거나, 오해하거나 혹은 단지 인식하지 못하는 가치들의 선구자들이라는 것이 기억될 필요가 있다. 그러나 성경들, 성구들(lections), 예전들(liturgies), 찬송들 및 오랜 세월동안 다듬어져 온 지혜의 축적된 자원들은 그것들 자체의 명백한 약점들에도 불구하고, 이러한 가치들을 전달하기를 계속한다. 예배 공동체들은 자신들이 이것을 인식하든 못하든 간에 그러한 도덕적 선구자들과 운반자들로서 행동할 수 있으며, 일반적으로 이러한 가치들을 더 널리 사회 속에 퍼트릴 수 있는데, 이 역시 자신들이 이것을 인식하든 못하든 간에(그렇게 할 수 있다). 미디어에 의해서 매우 빈번하게 행해지는 기독교 공동체들에 대한 바로 그 도덕적 판단들은 기독교적 가치들이 이미 사회에 널리 퍼져 있다는 것에 대한 중요한 기억자(an important reminder)로서 작용할 수 있다.

여기서 때때로 그런 조짐에 대해서 신학자들이 채택하는 '프락시스(praxis)' 개념이 만들어질 수 있는 특별한 연결 점들이 있다. '프락시스(praxis)'라는 개념은 신앙(faith)과 실천(practice)사이의 복잡한 상호작용을 가리키는 것으로, 단순히 '실천(practice)'보다 더한 그 무엇을 나타낸다. 프락시스에 기초한 신학은 예배 공동체들로서 교회들의 역할과 신학을 형성하는 교회들의 역할을 진지하게 취한다: 교회출석은 단순히 교회출석으로만 보여지는 것이 아니라 공동예배(corporate worship)로서 보여진다. 반대로, 공동예배는 기독교 상징들, 언어, 스토리들에게 몸(flesh)을 부여하는 것으로 보여진다. 그리고 이것들은 심지어 파편화된 포스트모던 사회에서조차도 기독교 가치들의 주요한 선구자들과 운반자들로서 작용할 수 있다.

프락시스 개념은 파편화되 사회에서 자기이해 없는 돌봄을 위한 급진적인 함의들을 가지고 있다. 프락시스의 관점에서는, 가치들이 더 이상 개인의 이성적 성찰—오랫동안 서구에서 소중하게 여겨져 왔던 신념—로부터 만족할만하게 유래될 수 있다고 믿지 않는다. 그대신 그것은 파편화된 사회에서조차도 도덕 공동체들의 역할과 기능에 새로운 강조를 하게 한다. 우리 대부분은 아마도 대부분의 시간을 도덕적으로 행동하는데 심지어 명백하게 이기심 없는 돌봄에 있어서 조차도, 그것은 독립적으로 확립된 어떤 도덕적 신념들로부터 보다는 우리 동료들의 사회적 습관과 사회적 압력들로부터 그렇게 행동한다. 그러한 관찰은 대개 비판으로서 취해질 수 있다. 그 대신, 나는 프락시스 개념이 돌봄의 관례들을 확립하는 공동체들과 그 공동체들이 그렇게 하는 기초들을 조사하는데 더 많은 시간을 보내도록 우리를 격려해야 한다고 믿고 있다. 이러한 특별한 과제를 위하여 사회학은 철학만큼 유용하게 될 것이다. 만일 서구 철학이 개인주의를 조장하는 경향이 있었다면—개인들에게 각자가 자기 자신의 도덕적 틀(framework)을 새롭게 할 수 있다는 것을 믿도록 격려하는—, 사회학은 반대방향으로 당기는 경향이 있다. 이 과정에서 도덕 공동체들은 도덕적 행위자들(moral agents)을 이해 하는데 있어서 필수적인 요소가 된다. 비록 개인들에 의해 실천되지만, 자기이해 없는 돌봄은 도덕공동체의 어떤 형태들에 의해 추진되고 양육된다.

　이것은 진보된 자본주의 사회들에서 함께 일하는 종교 기관들이 다소간의 전체적인 도덕적 일치를 조성 할 수 있다고 주장하는 것은 아니다. 반대로, 현 시대의 세상에서 종교 기관들은 가장 보수적인 관점에서부터 가장 급진적인 관점의 범위에 이르기까지, 매우 다양한 도덕적 관점들을 제공하는 것 같다. 서구 기독교의 더욱 순종적인 형태들과 반대되는 최근의 급진적 이슬람의 도덕적 파워는 확실히 이것을 더욱 널리 이해시켰다. 나는 내일 강의에서 이 문제를 보다 자세하게 다룰 것이다. 우선, 종교 공동체들이 세속 공동체들과는 다르다고 하는 것은 특별한 가치를 발생시키고 양육하는 능력이 다르다기보다는 예배에서 그 공동체들의 기초가 더욱 다르다는 것을 관찰하는 것은 가치 있는 일이다. 종교 공동체들 — 유대교, 기독교, 이슬람교 — 은 가치를 만들어 내고 유지하는 공동체들이 아니라, 예배에서 다른 사람들에게 반응하는 공동체들이다. 그 공동체들을 위한 가치들은 가장 심오한 단계에서 외적 실재를 이해하기 위한 시도에 기초 되어 있다. 요컨대, 그 공동체들은 형이상학에 기초되어 있다.

4.

이 모든 것을 이해하기 위한 한 가지 방법은 포스트모더니즘 이라는 강력한 지적 개념을 통해서이다. 나는 이것이 오늘날 세속화 이론이라는 좁은 교리에 한정되어 있는 세상에서 종교 적 문화적 변화들을 해석하는 방법을 제공한다고 믿는다. 처음 에 '포스트모더니즘'이란 용어는 건축에 대한 논의들로부터 유 래했기 때문에, 이것을 사회적 정치적 현상들에 적용될 수 있는 어떤 정의로 다시 생각해 보는 것이 적절하다. 나는 포스트모더 니즘을 현대적인 겉모양을 가지고 있지만 과거로부터 오래된 형태들의 선택적인 차용이라고 정의한다.

캔터베리에 있는 나의 새 집은 포스트모더니즘을 잘 예증해 준다. 이 집에는 한 세대 전에 대개 집에서 치워 버렸던 초기 빅토리아 시대의 벽난로가 있다 — 약간 이상한 이유로 인해 조각을 붙인 문들이 하드보드 판지로 덮여 있었던 것처럼. 그것 은 당시에 교훈적으로 '근대화'로 묘사되었던 과정들임을 보여 준다. 오늘날 그런 벽난로는 수집가의 품목이 되었고, 하드보드 판지(근대화 그 자체처럼)는 휘어지기 시작했다. 사람들은 오 래된 벽난로를 고치기 위해(물론 비록 배경의 중앙 난방에는 유익하지만), 그리고 문들을 원래 나무상태로 되돌리기 위해 문의 겉 표면을 벗겨내는데(그 문들이 원래 페인트 칠을 하지 않은 상태로 내버려 두려고 했든지 그렇게 하지 않으려고 했든지 간에), 오랜 시간과 많은 비용을 집에 투자한다. 전형적인 포스트모던주의자 스타일에서, 내 벽난로는 그것이 만들어졌던 장소에서 최소한 다소간의 이전 영광 가운데 놓여 있다. 몇 년 전에, 이것은 의심할 여지 없이 단순히 근대이전론자(pre-modernist)의 유물이었다 이것은 집에서 복구되지 않고 근대화되지 않은 한 부분이다. 그러나 오늘날 그것은 그 대신에 포스트모던주의자의 우상과 기호학자(semiologist)의 꿈이 되었다 그 벽난로 바닥에는 석탄이 아니라 꽃들이 있다. 그것은 선택적으로 차용한 옛 형태이며 결국 나는 한때 그 주변에 있었던 잘 어울리지 않는 카페트와 더러운 석탄을 담은 바켓들이 아니라 벽난로를 그대로 두기로 선택했다—이 꽃들은 현대적인 겉모양을 표시해 준다. 벽난로는 더 이상 집을 따뜻하게 해주는 도구가 아니라, 미적인 즐거움을 넘어서는 어떤 진지한 기능이 부족한 장신구이다.

데이빗 하비(David Harvey)는 자신의 저서 '포스트모더니티의 조건(The Condition of Postmodernity)'에서 모더니티를 포획하는 장면을 카툰으로 그린다.[69] 그것은 파리(Paris) 중앙의 역사적 빌딩들을 삼키는, 높게 솟은 주택들 속으로 그 역사적

---

[69] Harvey, D., *The Condition of Postmodernity* (Blackwell, 1989).

빌딩들을 재이용하는 콤바인-수확기계(combine-Harvester)를 보여준다. 모더니즘은 동질적이다 포스트모더니즘은 파편적이다. 모더니즘은 기능적인, 관료적인, 획일적인 사회를 장려한다. 포스트모더니즘은 다원주의적이고 다양한 사회를 육성한다. 모더니즘은 이성적이며 중앙화된 통제에로 모든 것을 줄이기를 시도한다. 포스트모더니즘은 통제를 포기하고 선택적 다양성(eclectic variety), 심지어 무정부 상태를 장려한다. 모더니즘은 단일한, 일관된 사회를 상상한다 포스트모더니즘은 단지 다양한 사회들만을 본다. 만일 당신이 원한다면, 모더니즘은 구 소련이고, 포스트모더니즘은 고르바쵸프 공화국 이후이다. 모더니즘은 유고슬라비아였고, 포스트모더니즘은 전쟁하는 고대 국가주의들이다. 모더니즘은 상호 확인된 파괴 위에 기초된 핵 금지의 이성적(그러나 마귀적) 정책이었다. 포스트모더니즘은 수직적, 수평적 핵 번영의 예측할 수 없는 전망들이다. 모더니즘은 세속화였고, 포스트모더니즘은 다시 일어나는, 경쟁하는 근본주의들인 것 같다. 모더니즘은 과거를 무시하거나 보호했다. 포스트모더니즘은 과거를 열망하거나 혹은 더 정확히 말해서, 그것은 과거의 선택적 특징들을 열망한다.

이런 용어들로 포스트모더니즘을 묘사하기 위해서는 그것이 이기심 없는 돌봄의 기독교적 개념들과 일치하는 몇몇 요소들과, 뚜렷하게 덜 그렇게 될 수 있는 다른 요소들을 포함하고 있다는 사실을 이미 인식하고 있어야 한다. 아마도 그것은 항상 그럴 것이다. 사회적 맥락은 변화하고, 신학자들은—만일 그들이 현명하다면—그러한 변화들에 반응하기를 시도하지만, 만일 그들이 어떤 세속성(saeculum)이 위험이 없다고 상상한다면 그것은 어리석은 일이다. 포스트모더니즘이 포함하는 열망들은 단순히 모더니즘의 실증주의(positivism)가 비난하는 기독교윤리학을 위한 기회들을 제공할 수 있다. 그러나, 포스트모더니즘의 파편들은 당황하게 만드는 것으로, 심지어는 파괴적인 듯 하게 여겨질 수 있다. 그것들은 신앙 공동체들에게 쉽게 해결되지 않는 긴급한 도전들을 제공한다.

이 심오한 패러다임 이동을 분명히 인식한 사회학자는 최근에 '종교와 진보산업사회(Religion and Advanced Industrial Society)'를 저술한 제임스 백포드(James Beckford)이다. 백포드는 종교사회학자들이 대체로 사회가 급격하게 변화해 온 그 방식들에 대해 충분한 관심을 가지지 못했다고 주장한다. 이 점에서, 영국은 현재 다수의 노동인구가 산업 분야에서 보다는 일종의 서비스업 혹은 다른 분야에 고용되어 있는 후기산업사회(Post-industrial Society)이다. 그러나, 종교사회학의 초기 작품들(베버, 뒤르깽 등)은 19세기 후반 산업사회의 맥락에서 저술되었다. 만일 우리가 오늘날 종교적 전통들이 작용하는 복잡한 사회적 역할들을 이해해야 한다면, 20세기 후반의 후기 산업 혹은 포스트모던 사회는 현재 너무나 달라서 이들 초기 작품들에 의해 굳어진 뼈대가 더 이상 적절하지 않다는 것을 알아야 한다. 그러나 종교사회학자들, 그리고 아마 일반적으로 학자들은 너무 느려서 이것을 실현하지 못했으며, 여전히 철저한 세속화 모델 같은 그러한 시대 착오적인 지적 모델들에 너무나 오랫동안 헌신한 상태로 남아 있었다.

백포드는 '종교의 기능(the function of religion)' — '종교'라는 단수형을 주목하라 — 을 이해하기 위해 20세기 중반에 미국인의 시도들로 부터 이 점을 예증해 준다. 그는 탈콧 파슨즈(Talcott Parsons)의 기능주의와 로버트 벨라(Robert Bellah)의 '마음의 습관들(Habits of the Heart)' 사이에 분명하고 흥미 있는 연결들을 확립한다. 반대로, 백포드는 후기 산업사회에서는, 여전히 벨라에 의해 추구되는 것으로, 공유하는 사회적 가치들의 개념들이 또한 시대착오적이라고 주장한다. 그것들은 이미 사라진 일종의 동질화 된 사회를 가정한다. 포스트모던 세계에서, 종교 형태들은 너무나 파편화 되어서 사회를 어떤 단일한 방향으로 만들어 나가지 못했다:

"사회학적 관점으로부터, 오늘날 사회적 기관으로서보다는 문화적 자원 혹은 형태로서 종교를 개념화 하는 것이 더 낫다. 그 자체로, 그것은 더 큰 유연성과 불확실성의 정도로 특징화 된다. 종교의 규제 철폐는 세속화의 숨겨진 아이러니들 중의 하나이다. 그것은 사실상 사회학적 고전들이라는 조건에서 생각할 수 없는 방법들로 종교가 사회학적으로 아주 문제가 될만하게 하는데 도움을 준다."[70]

1990년에 죠나단 삭스(Jonathan Sacks)가 행한 중요한 라이쓰 강좌(Reith Lecture)인 '신앙의 지속성(The Persistence of Faith)'은 이런 맥락에서 가장 잘 이해 될 수 있는 것이다. 백포드는 두 개의 도덕적 언어—그들 전통의 언어와 공유하는 공공 지배의 언어—를 말하기 위해서 종교적 소수 집단들의 필요에 관한 삭스(Sacks)의 결론을 강하게 비판했다. 백포드는 (정확하게 내가 믿기로는) 이것이 단순히 오늘날 영국에서 흑인 소수 집단들에 대한 보기를 위한 충고로서 작용하지 않을 것이라고 주장한다. 그럼에도 불구하고, 삭스가 오늘날의 종교상황에 대해 제공하는 일반적인 분석은 다소간 포스트모더니즘의 도전들을 잘 묘사한다.

옥스포드(Oxford)에서 교육을 받았지만, 삭스(Sacks)는 모던주의자가 아니다. 그는 철저하게 세속문화와 종교 다원주의의 세속적 해결의 측면들을 경멸한다(예를 들면, 종교 공동체들은 다소간 더 높은 휴머니즘이란 이름으로 자신들의 독특성을

---

[70] Beckford, J. A., *Religion and Advanced Industrial Society* (Unwin Hyman, 1989, pp.171-2).

버리도록 기대된다). 그는 정통주의자 랍비이며, 정통주의의 옹호자이다. 그러나, 그는 모던 이전의 사람도 아니다. 그의 라이쓰 강좌(Reith lectures)는 사회학적 언어로 흠뻑 젖어 있으며, 탈무드만큼이나 많이 피터 버거(Peter Berger)를 인용한다. 그가 과거로부터 빌려올 때, 그의 신앙은 과거의 신앙과 동일하지 않다. 그것은 모더니티의 핵심 이데올로기를 받아들임 없이, 모더니티에 의해 행해진 비판들을 당연한 것으로 여겼다. 삭스는 자유주의자(그리고 그에게는 그러므로 세속적인)도 아니고 전적으로 근본주의자도 아닌 정통주의를 위한 비판적 길을 발견하기를 원한다. 이것이 전통적 정통주의(traditional ortho-doxy)같이 보이는 반면, 그것은 실제로 근대적 외관에 있어서 선별적으로 차용된 정통주의이다. 더욱이, 그것은 많은 다른 정통주의들과는 달리, 포스트모더니즘의 주변 파편들을 완전히 인식하는 정통주의이다.

심지어 종교적 확실성(religious certainty) 혹은 종교적 특수주의(religious particularism)의 언급들조차도 포스트모더니즘의 맥락에서 그것들의 의미를 변화시킨다는 것을 주목하는 것이 중요하다. 사회의 나머지 분야가 널리 동정적일 때 종교적 확실성을 주장하는 것이 있으나, 그것은 그 주장자체가 의식적인 파편의 저항일 때 그러한 확실성을 주장하는 것과는 매우 다른 것이다. 그것은 당신이 다른 신앙을 가진 사람들에 대한 경험이 거의 없을 때, 당신의 종교적 신앙의 브랜드만이 구원을 제공한다고 주장하는 것이다. 그것은 기독교와 이슬람의 근본주의자들이 서로 뺨을 맞대어 살고 있을 때, 그리고 둘 다 무신론자들에게 둘러싸여 있을 때, 그런 주장들을 하는 것과는 매우 다른 것이다.

포스트모더니스트 맥락에서, 종교적 확실성이나 종교적 특별성의 선언들은 의식적인 저항의 행위들이 된다. 그것들은 더 이상 순진성의 표현들이 아니며, 파편에 반대하기 위해 고의로 행해지는 것이다. 만일 혼합주의가 모더니티라면, 특별주의는 포스트모더니티이다. 그러나, 이러한 새로운 특별주의는 다른 특별주의들을 완전하게 인식하는 사람들이 주장하는 것이다. 포스트모던주의자들이 되기 위해서, 그들은 다른 사람들 역시 특별주의자들이 되는 것을 기대한다. 명백하게 모순된 특별주의에 대한 다양한 형태들의 지지자들은 포스트모던 사회에서 서로 함께 생존한다 — 이론적으로 경쟁 관계에 있고 서로서로 개종시키려고 하면서, 그러나, 실제로는 서로의 특별주의들을 존중하고 다른 신앙 전통들로부터 적은 수의 개종자들을 기대하면서.

포스트모더니즘은 외부의 '항목들(planks)'을 제공하지 않는다. 그것은 서로 경쟁적인 신앙 입장들 사이를 판단하는 '객관적인' 방법을 허용하지 않는다 신앙은 공동체들로부터 유래하며,

그것은 신앙을 유지하는 공동체들이다. 만일 모더니스트들이 개인의 이성이 신앙 공동체들 사이의 객관적인 판단을 위한 수단으로 작용할 수 있다고 상상한다면(대개 그런 공동체들을 해산 시키기 위해서), 포스트모던주의자들은 이런 특별한 '신앙'을 더 이상 나누지 않는다. 그들은 여전히 연속성(consistency)과 자신들의 특별한 신앙 공동체들 내에서 '실험적 적합성(empirical fit)'을 추구할 것이지만 결국 신앙 공동체들은 시간이 지나면서 변화한다, 그들은 어떤 사람이 신앙공동체 바깥에서 깊이 있고 영속적인 가치들을 이해하기를 기대하지 않는다. 명백하게 적대적인 특별성들임에도 불구하고, 신앙 공동체들의 공통의 적은 마침내 서로가 아니라 세속적 모더니티이다.

삭스의 논문에 핵심적인 것은 살아있는 종교 공동체들에 의해 수행되는 신앙의 지속성과 파워이다. 이런 공동체들 내에서, 가치들은 양육되고 보존된다 — 그들 가운데 이기심 없는 돌봄. 개인적으로 그는 유대교 정통주의를 변호하지만, 그는 기독교인들과 다른 사람들이 자신들의 정통주의들을 변호하도록 격려하기를 원한다. 그 태도는 다음과 같을 것이다: "이것이 나의 신앙이고, 이것은 나의 가치들이 유래하고 그 가치들이 양육된 고대 공동체이며, 그래서 나는 이 신앙과 이 공동체를 변호할 것이다 — 그러나 나는 여러분이 여러분의 신앙과 여러분의 신앙공동체들을 변호하기를 기대하며, 그것들을 **변경하**

거나 그 공동체들이 양육하는 가치들을 단순히 세속적 모더니티의 요구 조건들에 맞추지 말기를 기대한다.

다음 번 강의에서 나는 오늘날 세상에서 그들이 직면하는 다소간의 어려움들—그것들이 윤리적 의사결정에 영향을 미치고 효과적인 돌봄을 촉진시키는지 아닌지와 그들이 이러한 어려움들을 직면할 수 있는 다양한 방법들을 살펴볼 것이다. 그러나 오늘 나는 죠나단 삭스가 행한 라이쓰 강좌의 마지막 언급들로 끝을 맺으려 한다. 그것들은 심지어 우리의 파편화된 사회에서 조차도 신앙의 자격, 기능 및 미래에 대해 새로운 이해를 위해 신중한 그러나 열정이 있는 탄원이다:

우리의 종교적 애착들(attachments)이 아무리 미약하다 해도, 그것들은 아직 끝나지 않았으며, 그것들이 새롭게 될 수 있다는 것을 의미하는 것이다. 그 질문은 그것들이 어떤 형태를 취할 것인가 이다. 지난 세기에 종교는 진용을 정비했고 방어적이었다. 이것은 한편으로는 그 사건 이후에 세속적 경향들을 숭배하는 확산된 자유주의(a diffuse liberalism), 그리고 다른 한편으로는 다시는 과거에도 미래에도 돌아올 수 없는 황금시대에로 우리를 되돌리려는 반동적 극단주의(reactive extremism)라는 현대 세상에서 가장 일반적인 두 가지의 종교적 자세에로 이끌었다. 이 두 가지 자세는 각각 다른 자세를 구원을 위한 중요한 위협으로 보면서, 그것들의 형제 라이벌들과 함께 지낸다. 그리고 그것들은 결합될 뿐만 아니라 종교도 또한 나누어질 수 있다는 것을 우리로 하여금 깨닫게 해 준다.

그러나 삭스(Sack)는 이렇게 주장한다:

"종교들은 우리의 일반적인 생활의 구조물들이다. 종교의 상징들과 의식들에서, 외로운 자아는 과거와 미래 그리고 이 둘 모두에 대한 헌신을 공유하는 타자와의 교제를 발견한다. 그들의 비전에서, 우리는 이기적이지 않은 행동의 가치를 발견한다. 신앙은 지속되며, 그 지속됨에 있어서 사람들, 국가들 혹은 경제 시스템들이 우리에게 신들(gods)이 되었던 것보다 더욱 더 인간적인 세상을 건설하도록 허용한다. 20년 전에는 마치 종교가 현대세상에서 그 과정을 달려온 듯이 보였다. 오늘날, 더 신중한 관점은 그 이야기가 아직 거의 시작되지도 않았다고 보는 것이다.[71]

---

[71] Sacks, J., *The Persistence of Faith* (Weidenfeld& Nicolson, 1992, pp.93-4).

제4장 도덕 공동체로서의 교회

이전 강의에서 나는 '마음의 습관들(Habits of the Heart)'의 저자인 로버트 벨라(Robert Bella)가 이끄는, 저명한 미국 종교사회학자 그룹이 1985년에 연구한 내용을 간략하게 살펴보았다. 그 연구의 (상당한) 방법론적 문제점들에도 불구하고, 최소한 '마음의 습관들'은 오늘날 가치들에 대한 알라스데어 메킨타이어(Alasdair MacIntyre)의 중요한 분석에다가 몸을 더해주는 공동체에 대한 유용한 정의를 제공해 준다. 저자들은 이론상으로 (비록 항상 실천적이지는 않지만) 한편으로는 '라이프 스타일 인클레이브(도시의 고립된 소수집단)'와 다른 한편으로는 '공동체' 사이를 주의깊게 구별한다. 여러분의 기억을 되살리기 위해서:

"라이프스타일 인클레이브는 사적생활의 몇 가지 특징들을 공유하는 사람들에 의해서 형성된다. 라이프스타일 인클레이브의 구성원들은 겉모습, 소비, 레저 활동들에서 공유하는 패턴들을 통하여 그들의 정체성을 표현하는데, 그것은 흔히 그들을 다른 라이프스타일을 가진 사람들과 예리하게 구분하는데 도움을 준다. 그들은 상호 의존적이 아니며, 정치적으로 함께 행동하지 않으며, 역사를 공유하지 않는다. 공동체는 사회적으로 상호 의존적이며 토론과 의사결정에 함께 참여하며, 그 공동체를 규정하며 그것에 의해 양육을 받는 어떤 실천들을 공유하는 사람들의 그룹이다. 그러한 공동체는 빨리 형성되지 않는다. 그것은 거의 항상 역사를 가지고 있으며, 그래서 또한 부분적으로는 과거와 그 과거의 기억에 의해서 규정되는 기억의 공동체이다."[72]

사회에서 자기이해 없는 돌봄의 공동체와 같이 도덕적 가치들을 유지하는 데 있어서 결정적인 것은 라이프 스타일 인클레이브들 이라기보다는 공동체들이다 비록 포스트모던 세상에서 또한 라이프 스타일 인클레이브들이 여러 가지 중요한 기능들을 가지고 있지만. 일반적으로 흔히 인클레이브들이 잠시 있는 것인 반면, 오랜 역사와 기억들을 가진 공동체들은 탄력적인 것이다. 그러나, 이 마지막 강의에서 내가 직면하려고 하는

---

[72] Bellah, R., Madsen, R., Sullivan, W.M., Swidler, A., and Tipton, S.M., *Habits of the Heart: Middle America Observed* (Hutchinson, 1985, pp.333-5).

질문들은 다음과 같다: 오늘날 영국의 교회들이 진지하게 이런 의미에서의 공동체들이라고 주장할 수 있는가? 실로 교회들이 어떻게 돌봄을 위한 효과적인 맥락을 공급할 수 있으며, 일반적으로 사회에 대해 신뢰할만하게 보이는 돌봄의 정당성을 공급할 수 있는가? 매우 파편화된 사회 — 만일 여러분이 원한다면, 포스트모던 사회 — 에서 그리고 도덕적 문제들에 관해 그리스도인들 사이에 상당한 내부적 분리들이 있는 상황에서, 어떻게 교회들이 어떤 도덕적 영역에서 사회적 변화의 효과적인 행위자들(agents)이 될 수 있겠는가? 즉 바꿔 말하면, 기술적인 용어를 사용해서, 교회들이 오늘날 영국에서 사회적으로 중요한 도덕 공동체들이 될 수 있는가? 도덕 공동체들과 자기이해 없는 돌봄에 대한 나의 전반적인 주제는 우리가 이런 질문들을 가능한 한 솔직하게 직면해야 한다는 것이다.

1.

이전 강의에서 나는 기독교가 항상 공동체들에게 아주 많은 투자를 해 왔다고 주장했다. 그러나 나는 중요한 구별이 이루어져야 한다고 제안했다. 기독교 공동체들은 기독교적 가치들의 표본들 이라기보다는 더 나은 선구자들과 전달자들일 것이다.

물론, 몇몇은 때때로 기독교적 가치들의 표본들일 수 있지만, 너무나 자주 그것들은 죄가 있는 것들이거나 사회적으로 강요된 것들이다. 기독교 공동체들은, 미디어와 다른 것들에 의해서, 자신들이 흔히 비웃고 오해하고 혹은 단지 주목하는데 실패하는 그러한 가치들의 선구자들이라는 사실을 기억할 필요가 있다. 그러나 그들의 성경들, 성구들(lections), 예전들, 찬송들과 오랫동안 정련된 지혜의 축적된 자원들은 그들 자신의 명백한 연약함에도 불구하고 이러한 가치들을 계속 운반한다. 내가 주장하는 바, 예배 공동체들은 자신들이 이것을 인식하든 못하든 간에 그러한 도덕적 선구자들과 운반자들로서 행동한다는 것이다. 그 공동체들은 자신들이 이것을 인식하든 못하든 간에, 일반적으로 이러한 가치들을 더 널리 사회 속으로 퍼트릴 수 있다. 얄궂게도, 그렇게 빈번하게 기독교 공동체들의 미디어에 의해 제공된 바로 그 도덕적 판단들은 기독교적 가치들이 이미 사회에 널리 퍼져나가게 된 중요한 기억자(reminder)로서 행할 수 있다.

내 주장의 이 단계에서 몇몇 단어들을 주의 할 필요가 있다. 도덕 공동체들의 결정적인 역할에 대한 강조는 기독교 윤리학을 사회적 결정주의(social determinism)의 이론에로 내맡기는 것이 아니다. 이것은 구속을 강조하는 것이 아니다. 1960년대에 기독교 윤리학과 도덕철학 둘 다 더욱 일반적으로, 가치들이 개인의 이성적 검토로부터만 유래 될 수 있다고 하는 생각에 너무나 붙잡혀 왔다는 사실을 다른 책에서 주장했다.[73] 죠셉 플래쳐(Joseph Flether)의 상황 윤리에 대한 영향력 있는 언급에서,[74] 이것은 도덕적 이슈들에 대한 논쟁들이 부당한 패러다임들에 관한 논쟁들이 되는 기발한 결과에로 이끌었다. 특별한 도덕적 상황들과는 거리가 먼 도덕적 규칙들이 없다는 것을 보여주기 위해서, 플래쳐는 어떤 도덕적 규칙에 대해 생각할 수 있는 예외들이 항상 있다고 다시 주장했다. 그래서 희생적인 간음(sacrificial Adultery: 집결캠프에서 여인이 그녀가 진실로 사랑했던 가족에게로 돌아가기 위해 고의로 보초병에 의해 임신을 하게 되는 경우) 혹은 가능한 한 가장 전투를 잘하는 전투병들을 보유하기 위해서 행하는 인간복제(human cloning)의 정당화들(추측건대 그것들은 모두 마이크 타이슨의 클론들일 것이다)은 같은 개념들은 기독교윤리학의 진지한 보기들로써 플래쳐에 의해 제공되었다.

이것은 단순히 개인적 합리성(individual rationality)이 폐기된다는 것을 의미하는 것이 아니다. 내 요점은 도덕적 논쟁들에서 개인적 이성의 적절성에 관한 것이다. 몇몇 근본주의 형태들

---

[73] See my *Christian Ethics in Secular Worlds* (T&T Clark, 1991, chap.1).
[74] Fletcher, J., *Situation Ethics* (SCM Press, 1989).

이 격려하는 것처럼, 신앙을 가진 개인들이 자기들 스스로를 위해 생각하기를 중단하는 것은 변명이 아니다. 최근에 케임브리지 대학 신학과의 레기우스 석좌교수(Regius Professor)로서의 취임 강의에서, 데이빗 포드(David Ford)는 이 점을 강력하게 주장했다. 그는 현대 영국에서 흔히 신앙의 사람들을 특징화했던 지성주의(intellectualism)의 의심에 대한 좋은 이유들이 있다고 보았다. 그러나 그는 또한 그것이 실제로 심오하고 위험한 실수라고 주장했다:

"신앙 공동체들의 관점으로부터 …… 두려움들과 편견들이 있다. 대체로 지배적인 현대의 학문적 담론들은 종교들이 변호적인 태도를 취하게 했던 몇 가지 이유를 제공했다. 그러나, 마치 신앙이 무지성적(un-in-tellectual)이거나 반지성적(anti-intellectual)인 것처럼, 이것이 그렇게 자주 그 자체로 지성적 삶에 대한 의심으로 이끌때, 그것은 비극의 지점으로서 슬픈 일이다. 영국에서의 주류 종교들은 유대교, 기독교, 이슬람이며, 이 종교들 모두가 뛰어난 지적 유산들을 가지고 있다. 현재 이 종교들은 또한 복잡하고 빠른 변화들에 연루되어 있다. 이 종교들이 이런 문제들에 대해 생각하지 않는 것은 선택사항이 아니다"

나는 이 주장에 대해 전심으로 찬성하고 싶다. 우리 사회에서 가치들을 생성하고 유지시키는 데에 있어서 도덕 공동체들의 중요성을 지적하는 것은 무 이성을 위한 변명이라고 여길 필요는 없다. 차라리 그것은 개인적이고 고립된 이성이 매우 단순히 그 자체로 심오한 도덕성을 위한 불충분한 자원이라고 주장하는 것이다. 이성의 비판이 없는 도덕 공동체들은 독재적이며, 독단적이 될 수 있고 심하면 마귀적이 될 수 있다. 그러나 도덕 공동체들이 없는 원자화된 이성(atomised rationality)은 자기이해를 넘어서는 선을 생성하고 유지할 수 없는 듯이 보인다.

그 밖에, 기독교 공동체들을 실체화하지 않는 것이 중요하다. 그 성격상 공동체들은 다이나믹하며, 심지어 가장 소멸되어 가는 기독교 공동체들조차도 계속 변화한다. 몇몇 '이단들(heresies)'이 변화를 거부하는 전통주의자적 태도들로부터 결과한다는 것은 기발한 아이러니이다. 신앙 공동체들은 변화하지만, 소수집단은 변화하기를 거부하며, 그래서 다수집단에 의해 '이단자들(heretics)'이라는 이름이 주어진다(대주교 르페브르(Archbishop Lefebre)는 최근의 보기였다). 포스트모더니즘 시대에서 특히 변화들이 일어날 것 같다. 얼굴을 맞대어 살아가고 있는 신앙 공동체들은 단지 간신히 상호 영향력을 피할 수 있고, 소수만이 세속적 압력들에 면역적이 된다. 아마도 그것은 여성주의(feminism), 해방 모델들, 혹은 대중음악의 영향일 것이다. 그렇지 않으면 그것은 여성주의, 해방 모델들,

대중음악 혹은 다른 것들에 반대하는 역문화반응들(counter-culture reactions)일 것이다. 어느 방법으로든 신앙 공동체들은 반응하며(심지어 부정적으로라도), 그 과정에서 변화한다. 기독교 공동체들은 상호간에 서로서로 영향을 미치며, 일반적으로 그들 모두는 사회에 의해서 영향을 받는다. 상호작용의 복잡한 시리즈들은 기독교인들이 영향을 미치는 방법과 대체로 사회에 의해 영향을 받는 방법에 대한 학문적인 언급들을 특징화 하는 것 같다.[75] 대부분의 사회 과정들은 복잡하며, 포스트모던 사회에서 신앙의 과정들보다 더 복잡한 과정들은 별로 없다.

다른 한편, 나는 이 강의들에서 물론 교회들이 사회에서 유일한 도덕 공동체들은 아니란 사실을 여러 곳에서 주장했다. 요컨대 나는 동시에 어떤 신학적 주장들에 대해 깊이 비관적인 반면, 몇몇 형태에서의 종교현상이 사회의 안정에 필수적이라는 것을 주장한 프랑스 기능주의(French functionalism) —볼테르, 콩트, 뒤르깽, 사르트르를 통한 —에 대한 첫번째 강의에서 언급했던 약간 건방진 입장을 따를 의도가 없다. 요컨대, 그것은 "대중들은 종교적 신앙이 필요하지만, 나는 개인적으로 그것이 가짜라는 사실을 인식한다"라고 말하는 듯하다. 실제로 오늘날 세상은 자신의 직무에 태만하는 갱단들로부터 전쟁에 의해

---

[75] See my *Competing Convictions* (SCM Press, 1989).

조성된 강력한 공동체들에 이르기까지 종교적 신앙에 거의 빚지지 않은 도덕 공동체들이 많이 있다. 이탈(deviance)이 역문화공동체들(counter-cultural communities)을 조성할 수 있다는 것이 오랫동안 사회학자들에게 알려져 왔다. 예를 들면, 죄수들은 동료 죄수들이 위험에 빠져있을 때 무시해 버리는 강력한 내적 코드와 규범들을 가지고 있다. 어린이 치한들(child molester)은, 다른 죄수들에게 불평하는 죄수들처럼, 죄수들 사이에 특별한 도덕적 분노에 조건화 되어 있다. 그리고, 장난으로 운전하는 운전자들(Tyneside joy-riders)은 도덕적 코드가 부족하지 않다 — 그것은 단지 그들의 도덕적 코드가 공공의 안전은 고사하고, 일반 국민의 차들에 대한 존경심을 포함하지 않는 것이다.

'마음의 습관들(Habits of the Heart)'의 주장들과는 반대로, 고등 자본주의 사회들에서, 특히 포스트모던 사회에서의 종교 기관들은, 가장 보수적인 입장에서부터 가장 급진적인 입장에 이르기까지, 다소간의 전적인 도덕적 일치가 아니라 매우 다양한 도덕적 관점들을 장려할 수 있다. 지난 십여 년 동안 중동에서 이슬람의 경쟁적인 힘들은 구 소련 공화국 내에서 나타난 전통적인 종교적 연합체들에게 따라다니는 예리한 분열들이 있는 것처럼, 이것이 반복된다는 것을 증명했다. 기독교인과 유대인들 사이, 이들 두 종교인들과 무슬림들 사이, 무슬림들과 무슬림들 사이 및 기독교인과 기독교인들 사이의 적대감들—그러나 무엇보다도 먼저 그 종교인들 모두와 무신론적 막시즘(atheistic Marxism) 사이의 적대감—은 모두가 몇몇 이들 공화국들의 새로 발견된 '자유들'의 특징이 되어 왔다.

유신론적 공동체들(monotheistic communities)이 그들의 세속적 상대자들과 다르다는 것은 특별한 가치들을 발생시키고 양육하는 그들의 능력에 있어서가 아니라, 예배에서 그들의 기초(grounding)가 다르다는 것이다. 그래서 그들은 단순히 가치들을 생산하고 그 가치들을 유지하는 공동체들이 아니라, 예배에서 다른 이들에게 반응하는 공동체들—유대교, 기독교, 이슬람—이다. 그들이 믿는 것 혹은 도덕적 행위가 아닌 것과 우연치 않게 창조된 것으로서 그들의 세계관 사이에 일치가 있다. 바꿔 말하면, 내가 첫번째 강의의 마지막 부분에서 사용한 용어들에서 이것을 표현한 것처럼, 유대인들, 기독교들, 무슬림들에게 똑같이, 자기이해를 넘어서는 선(goodness beyond self interest)은 모두를 사랑하는 창조자의 반영으로서 믿기워진다. 결국, 도덕성은 형이상학과 예배와 친밀하게 연결된 것에 기초되어 있다.

이 시점에서 나는 돈 큐핏(Don Cupitt)의 최근 저서들이 가장 도전적이며 또한 가장 실망시키는 것이라는 사실을 발견한다. 그 역시 정기적 예배를 공유하고, 도덕성을 아주 진지하게 취하며, 역사적 교회들의 가능성과 연약성들을 완전하게 인식하고 있다. 그러나, 전통적 유신론(traditional theism)에 대한 그의 분명한 거부는 그를 나의 논제(thesis)의 거울 이미지(mirror image)에로 인도한다. 그래서, 그의 저서 '새로운 기독교 윤리학(The New Christian Ethics)'에서, 그는 기독교 공동체들의 문화 기초(culture-boudness)를 다소간 길게 설명하며, (때때로 힘에 의해서) 그것들이 확립되었기 때문에 단순히 자신들의 입장들을 정당화하려는 경향을 나타낸다. 그러나 마침내 나는 "우리는 진리를 만들고 가치들을 만든다"[76]라는 그의 풀이 죽은 견해를 나누기 원한다. 나는 예배에서 우리가 실제로 진리에 직면하게 된다는 것을 믿는다. 비록이 진리에 대한 우리의 설명이 필요 불가결하게 문화에 기초되어 있다고 해도(인간의 언어는 결코 문화에 자유로울 수 없다), 우리가 또 다른 분의 현존 안에 있다는 것은 대부분의 예배자들의 경험인 것 같다. 더욱이, 나는 도덕적 가치들이 예배 공동체들의 목적들이라는 사실을 믿기에 당혹스런 것으로서 간주하고 싶다(큐핏(Cupitt)이 믿는 듯이 보이는 것처럼). 대부분의 실천적인 유대인들, 기독교인들, 무슬림들은 예배의 원리적 대상이 하나님을 예배하는 것이란 사실을 붙잡고 있는 것 같다. 그 과정에서 발생되는 가치들은

---

76 Cupitt, D., *The New Christian Ethics* (SCM Press, 1988, p.5).

예배의 결과이지 예배의 대상은 아니다. 그보다 더한 것은, 대부분은 만일 당신이 마침내 그 대상을 제거한다면, 당신 역시 전체의 목적(telos)을 제거할 수 있다는 것을 주장한다.[77]

예배는 대부분의 다른 대안들보다 공동체들을 위해 보다 확실한 기초를 제공하는 것일 수 있다. 특히 이것은 만일 공동체가 벨라(Bellah)가 말한 대로 "사회적으로 독립적이며, 토론과 의사결정에 함께 참여하며, 공동체를 규정하고 그 공동체에 의해 양육을 받는 어떤 실천들을 공유하는 사람들의 그룹"[78]으로 규정되는 경우이다. 분명하게 예배는 한 그룹의 사람들이 상호의존을 성취할 수 있는 유일한 방법은 아니다. 그럼에도 불구하고, 그것은 특히 그렇게 행하는 친근한 방법이며, 그것은 확실히 깊이 있고 오랫동안 유지된 실천들에 기초된 활동 형태이다. 예배를 위한 이유로 간주됨이 없이, 그것은 여전히 새로운 도덕적 신중성을 가지고 예배 공동체들을 취급하기 위해 다른 이들을 격려할 수 있다―특히 다소 간 포스트 모더니즘의 더 얇은 파편들 가운데서.

---

[77] See my *Beyond Decline* (SCM Press, 1988).

[78] *Habits of the Heart*, p.333.

2.

그러나 이중에 그 어떤 것도 기독교 내에 있는 내부적 다양성의 문제를 해결하지 못한다. 어떻게 그리스도인들이 사회를 변화시킬 수 있으며, 언제 교회와 교파들이 도덕적 이슈들에 대해서 내부적으로 그렇게 많이 분리되는가? 파편화된 사회에서 협동적 정치신학의 가능성에 대한 레이몬드 플란트(Raymond Plant)의 회의론(skepticism) — 내가 두 번째 강의에서 회고해 보았던 — 은 이 시점에서 다시 그 주장의 중요성이 대두된다. 여러분은 플란트가 오늘날 사회 그 자체와 사회과학과 신학 이들 모두가 너무나 다원주의적이어서 더 이상 신뢰할 만한 협동적 정치신학을 가질 수 없다고 주장한 것을 기억할 것이다. 그가 주장하기를, 만일 이것이 그 경우라면, '사실상 정치에 대한 교회의 간섭은 더 이상 현대정치의 신학적 이해에 근원을 두고 있지 않으며, 다소간 그것들의 지위는 무언가 불안정하다.'[79] 내가 믿기에, 더욱이 이것은 매우 진지하게 고려되어야 하는 도전이다.

철저하게 세상을 부정하는 종파(sect)는 이런 도전에 대해서 명백한 해결책을 제공해 준다. 영국의 주류 교회들이 계속 감소

---

[79] Plant, R., 'Pluralism and Political Theology', Centre for Theology and Public Issues Publication (New College, Edinburgh University, 1990, p.5).

함에 따라 그런 종파들이 더 눈에 띄게 보이는 것 같다. 비록 작지만, 그 종파들은—교회들 내에 종파적 경향들을 가진 교회들과 함께—거의 유일하게 수적으로 성장하고 있는 것 같다. 몰몬교(Mormons)는 가장 성공적인 종파들 중의 하나인 것 같이 보인다.[80] 미국에서 몰몬교의 멤버십은 1970년대 초반에 약 200만 명에서 1980년대 중반에 거의 400만 명으로 증가했다. 영국에서 그들은 약 7만 명에서 12만 5천 명으로 증가했다. 여호와의 증인들 또한 비교적 빠른 속도로 그 수가 증가하고 있다; 1980년대 중반까지 그들은 미국에서 거의 75만 명의 멤버십을 가졌고, 영국에서는 10만 명이 넘었다. 그리고, 이들 두 나라에서 모두 많은 서점들이 더 전통적인 기독교 서적을 희생하는 댓가로 뉴 에이지 서적들에 대해 균형을 맞추는 것은 비슷한 변화를 보여주는 것이다. 반대로, 내가 염려하는 바, 아카데믹 신학은 단지 소수인들 만이 추구하고 있다.

파편과 당황케 하는 선택들이 있는 포스트모던 시대에, 철저하게 세상을 부정하는 종파는 확실성, 구원, 그리고 명백한 종교적 헌신(commitment)을 제공한다. 그것은 또한 돌봄의 오아시스를 제공한다. 미국의 사회학자이며 앵글리칸 신부인 리챠드 펜(Richard Fenn)은 인지적 분화와 전문화가 점점 더

---

80 See Wilson, B., *The Social Dimensions of Sectarianism: Sects and New Religious Movements in Contemporary Society* (Oxford University Press, 1990).

증가하는 시기에 그런 종파들이 독특하게 명백성과 '진리'를 제공한다고 주장했다.[81] 잠시 동안 틀에 박힌 용어들로 이들을 묘사하기 위해서, 철저한 종파들(thoroughgoing sects)은 신념과 멤버십 모두에 있어서 배타적이다. 그들은 멤버들에 대해서 많은 것을 요구하지만, 반대로 완전한 삶의 방법을 제공한다. 여호와의 증인이 된다는 것은 대체로 가가호호 방문 전도자(a door-to-door evangelist)가 되도록 기대되는 것 — 그것이 포함하는 온갖 조롱과 학대의 수반되는 위험들 모두를 가지고. 또한 그것은 신앙을 위해서 순교자가 되는 것을 의미하는 독일의 히틀러에게서처럼 — 이다. 그리고 그것은 일반적으로 사회에서 흔히 이상하게 보이는 강력한 공동체 벨라가 이해하는 최고로 우수한 공동체의 세계로 들어가는 것이다. 여호와의 증인이 되는 것은 현대 영국에서 이용 가능한 가장 완벽한 종교적 역문화들 중의 한 부분이 되는 것이다.

왜 그런 종파들이 소수인들에게 호소력이 있는지, 왜 종파주의가 감소하는 교회들에게 분명한 유혹이 되는지를 이런 모든 것으로부터 이해하는 것은 어렵지 않다. 브라이언 윌슨(Bryan Wilson)의 저서들은 이러한 호소력을 이해하려고 하는 데 있어서 귀중한 책들이다. 옥스포드 대학의 사회학 교수인 그는 이

---

[81] Fenn, R., *Towards a Theory of Secularization* (Society for the Scientific Study of Religion, 1978) and *Liturgies and Trials* (Blackwell, 1982).

주제에 관해서 탁월한 권위를 가지고 있으며, 종파주의의 복잡성들에 관해서 특별한 지식을 갖고 있다. 거의 40여 년 전에 쓰여진 그의 초기 저작인 '종파와 사회(Sect and Society)'[82]는 그의 학문에서의 초석이 되었다. 그 책은 버밍엄(Birmingham)에 있던 세 개의 종파들의 생활을 자세하게 연구한 것이었다. 그의 '종교적 종파들(Religious Sects)'[83]은 이 분야에서 연구하는 대부분의 사회학자들에 의해 사용되는 분류 시스템을 제공해 주었다. 그의 '마술과 밀레니움(magic and the Millennium)'[84]은 그의 저작을 제3세계 운동들로 확장했으며, 그의 '사회학적 전망에서의 종교(Religion in Sociological Perspective)'[85]는 일본의 종파들로 그 관심을 넓힌 것이었다. 최근에 '종파주의의 사회적 차원(The Social Dimension of Sectarianism)'[86]에서, 그는 지난 15년 동안 저술해 왔던 종파주의에 관한 일련의 연구들을 함께 모았다.

가장 최근에 나온 이 책은 종파(Sects)에 관한 월슨의 저서들 전체를 총괄하는 몇몇 도전적인 주제들을 잘 나타내 주고 있다.

---

82 Wilson, B., *Sects and Society* (Heinmann, 1955).

83 Wilson, B., *Religious Sects* (Weidenfeld & Nicolson, 1970).

84 Wilson, B., *Magic and the Millennium* (Heinemann, 1973).

85 Wilson, B., *Religion in Sociological Perspective* (Oxford University Press, 1982).

86 Wilson, B., 1990, *op. cit.*

첫째는 종파들이 흔히 적대적인 세상에서 어떻게 생존하는가와 관계가 있다. 특히 흥미 있는 것은 다른 종교 기구들에 의해 향유 되어 왔던 세금혜택을 받기 위한 그들의 시도들에서 종파들에게 직면해 왔던 법적인 장애물들(영국과 세계 다른 곳에서)을 묘사하는 챕터들이다. 종파들이 이러한 세금혜택을 부인했다는 몇몇 법적 판결을 재검토할 때, (내가 믿기에 꽤 정확한) 윌슨은 사회학적 객관성의 마스크는 사라진다. 둘째 섹션에서, 그는 종파주의의 진화, 확산, 호소력에 초점을 맞추고 있다. 그 중의 한 챕터는 그가 벨기에의 여호와의 증인들에게 수행한 독특한 질문조사 방법의 조사결과를 보여준다. 그는 이 작업을 성취하기 위해 상당한 마법을 사용했어야 했고, 그 운동이 추종자들에게 주는 매력을 훌륭하게 전달한다. 마지막 섹션은 통일교와 사이언톨로지스트(Sientologists)에 대한 지속적인 연구와 함께, 신흥종교운동들(New Religious Movements, 흔히 그들이 불리워지는 것처럼)을 보여준다.

종파에 관한 저작들에 더하여, 또한 윌슨은 오랜 세월 동안 세속화 논제(the secularization thesis)의 탁월한 해설가로 명성이 나 있다.[87] 그의 저작들에는 이런 견해들 사이에 중요한 연결점이 있다. 그는 흔히 종파는 세속화의 침식들에 저항하기

---

[87] e.g. Wilson, B., *Religion in Secular Society* (Watts, 1966) and *Contemporary Transformations of Religion* (Oxford University Press, 1976).

위한 종교기관의 형태가 될 것 같다고 주장했다. 엄격한 종파는 심지어 적대적이고 냉혹한 세속사회에서조차도 도덕적으로 교리적으로 순수하게 남아 있을 수 있다. 그러나, 물론, 종파는 이런 순수성을 유지하기 위해서 값비싼 대가를 지불한다. 실제로 종파는 사회에서 널리 무시되는 존재가 된다. 기술적 용어로, 종파는 사회적 영향력(social significance)이 없게 되는 것이다. 더욱이, 한번 어떤 종파가 특별히 돌봄의 영역들에서 사회에 영향을 끼치려고 진실로 시도를 하지만—오늘날 구세군이 명백한 보기이다—이 과정에서 그 종파는 곧 교파화(denomi-nationalised) 된다. 그래서, 윌슨이 주장하기를, 이 단계를 취함으로써 그러한 종파는 그 자체로 세속화되는 것 같다는 것이다.

최근에 가정교회운동(House Church Movement)과 더 일반적으로 때때로 독립 교회들(Independent Churches)이라고 불리우는 것의 부흥과 감소들이 이 과정을 예증해 준다. 1979년과 1989년에 영국의 교회출석과 교회 멤버십에 관한 MARC 유럽 조사[88]에서, 앞으로 기독교의 희망으로 비춰지는 것이 특히 이런 운동이라고 나타났다. 이 조사들은 10년 동안 조사된 것으로 교회출석에 있어서 카톨릭 신자들이 가장 감소가 심했다.

---

[88] Brierley, P. (ed), *Prospects for the Nineties: Trends and Tables from the English Church Census* (MARC Europe, 1991), and *'Christian' England: What the English Church Census Reveals* (MARC Europe, 1991).

영국 성공회와 다수의 주류 자유 교단들(감리교와 개혁 교회) 또한 영국 대부분의 지역에서 심각한 감소를 경험했다. 그러나 독립교회들, 그들 중에 특히 가정교회운동은 멤버십과 교회 출석율에 있어서 상당한 증가를 보여주었다. MARC 유럽 조사는 10년 내에 그들이 영국에서의 교회출석자들 가운데 지배적인 세력이 될 것이라고 예측한다. 카톨릭과 앵글리칸이 계속 감소하는 반면, 자유 교회들(The Free Churches)은 자신들이 대체로 계속 증가할 것이라고 믿고 있다. 다른 교단들(특히 앵글리칸 교회)에서의 복음주의자들과 함께, 그들은 영국에서 다수의 활동적인 기독교인들을 대표할 것이다.

이러한 분석에는 몇 가지의 아주 심각한 방법론적, 역사적 문제들을 포함하고 있다. 또 다시 나는 지금 이러한 것들을 완전하게 다룰 수 없지만, 곧 출판될 나의 저서, '빈 교회의 신화(The Myth of the Empty Church)'[89]에서 이러한 사실을 보여줄 것이다. MARC 유럽의 저자들은 자유 교회들이 전반적으로 감소하는 상황에서, 독립 교회들의 짧은 부활이 최소한 1880년대 이후로 영국의 특징이 되어 왔다는 사실을 시종일관 인식하지 못하고 있다. 또한 그들은 이러한 부활들이 주로 다른 교단들로부터의 이동성장(transfer growth)에 의존하고 있다는

---

[89] See my *The Myth of the Empty Church* (SPCK, Feb. 1993).

사실을 경시하고 있으며, 그 결과, 지탱하기에 어려운 성장임을 발견하게 된다. 나의 실험적 연구에서, 구세군 같은 아주 성공적인 운동조차도 정착된 지 20년 이내에 심각한 문제들을 경험하게 되었다는 사실이 분명하게 드러난다. 오늘날 가정교회운동(House Church Movement)은 이미 초기의 성장을 계속해서 유지하기가 어렵다는 것을 보여주는 그런 표시들이 있다.

그것이 그렇게 된다 하더라도, 독립 교회들은 많은 조직화된 기독교의 다른 형태들 보다 더 종파적(sectarian) 성격을 띠게 되는 경향이 있다. 그 교회들은 교리적, 도덕적 순결성을 강조하는 경향이 있으며, 특히 내부의 다원주의를 제거하고 세속주의의 물결들에 저항하는 것과 관련되어 있다. 그리고, 영국에서 지난 10여 년 동안, 그런 종파적 교회들은 다른 교단들과 비교해서 더 강력하게 성장해 온 듯하다.

그러나, 철저하게 세상을 부정하는 종파들(Sects)이 실제로 사회에 영향을 끼칠 수 있겠는가? 그러한 종파들에게서 나타나는 영구적인 문제는 그들이 사회적으로 무시된다는 것이다. 가장 엄격하고 세상을 부정하는 종파들 내에서 ― 예를 들면, 배타적인 형제교단(the Exclusive Brethren) ― 기꺼이 돌봄이 존재하지만, 그 돌봄은 자기 멤버들만을 위한 돌봄이다. 이런 점에서 그 종파는 포스트모던 세상에서 돌봄의 오아시스를 제공하는 것이다. 만일 당신이 물을 마시기 원한다면, 당신은 먼저 그 멤버가 되어야 한다. 더욱이 오늘날 몇몇 도시지역들에서(런던 북부에 있는 하이 바넷(High Barnet) 같은 지역) 배타적인 형제교단의 멤버들은 함께 더 가깝게 살기 위해서 이사를 했다. 그들은 강력한 돌봄의 공동체로서 그리고 하루에 여러 번씩이나 함께 예배를 드리면서 살아간다. 그들은 서로서로의 필요들에 대해 아주 잘 인식하고 있지만, 그럼에도 불구하고 그들은 일반적으로 세상으로부터는 가능한 한 분리되어 있다.

그러나 이 형제 교단은 확실히 이런 식으로 복음주의 교단들(혹은 심지어 모든 종파들)에 대해 일반화하려고 하지는 않을 것이다. 최근에 영국의 몇몇 복음주의 교단들은 다시 한 번 더욱 더 사회적으로 인식되고 있다는 표시들이 있었다. 미국에서 이러한 새로운 사회적 관심은 도덕적 주류(Moral Majority)라고 불리는 우익(the right-wing)의 형태를 취하는 경향이 있었다(비록 거기에는 예외적으로 훨씬 더 적은 일시적 체류자들이 있지만). 영국에서 복음주의 교단들은 예상하는 바와 같이 그렇게 보수적이지는 않다. 우산조직(the umbrella organisation)인 복음주의 동맹(the Evangelical Alliance)은 전도와 사회적 돌봄에 거의 같은 강조점을 두고 있으며, 사회적 돌봄 내에서는 구조적 변화까지 포함시키고 있다. 최근의 인터뷰에서, 영국 복음주의 동맹의 사무총장인 클리브 칼버(Clive Calver)는 다음과 같이 주장했다:

"사회가 진리로 받아들이는 것에 대한 도전이 있을 필요가 있다. 만일 복음주의 동맹이 행하고 있는 모든 것이 훌륭하고 신중한 그리스도인들에게 말하는 것이며, 어떤 기관을 행복하게 하고 105년 된 전통을 활기 있게 유지하는 것이라면, 그것은 쓸모없는 일이다. 그러나 알려질 수 있고, 사랑 받을 수 있고, 섬김을 받을 수 있는 하나님이 존재하시며, 그 하나님은 사회를 움직이는 방법을 갖고 계시다는 사실로, 우리는 세속사회에 도전하기 위한 기반을 갖고 있는 것이다. 만일 우리가 그것을 노예 상태에 도전하기 위한 기반으로 사용하지 않는다면, 그리고 만일 19세기에 우리 조상들이 여성들과 어린이들을 위한 근로 시간과 조건들을 바꾸게 했던 것처럼 우리가 그것을 사용하지 않는다면, 우리는 그것을 잃어버리고 있는 것이다. 전도 없는 사회적 행동은 신성화된 인본주의이다. 사회적 행동 없는 전도는 행함 없는 말에 불과하다."[90]

물론 복음주의 동맹 스스로는 내부의 다원주의를 잘 인식하고 있다. 인터뷰 질문에서, 클리버 칼버(Clive Calver)는 그것을 인정했다. 그 동맹의 멤버들은 정치적, 도덕적 견해에 있어서 많은 차이들이 있으며, 특히 도덕적 문제들에 대해 그 동맹을 일치시키는 것은 극히 어렵다는 것이 드러났다. 그러나, 윌슨(Wilson)은 그 동맹이 실제로 불가능한 것을 결합하려 한다고

---

[90] *Church Times* (7 Feb. 1992, p.7).

주장할지도 모른다. 세속사회와는 확실하게 구별되며, 그런 사회를 변화시키려는 시도. 사실상, 복음주의자들은 19세기에 그들의 노력의 일부를 특성화 했던 일치된 도덕적 행동을 유지하기가 매우 어렵다는 것을 발견했다. 부도덕에 관한 일반화된 공격들, 도박이나 알코올 중독 등은 몇몇 문제들을 야기시켰다. 그러나 전염병 법안(the Contagious Diseases Acts)에 관한 세부적인 공격들은, 오늘날 트라이던트 잠수함(Trident submarine: 핵 미사일을 탑재한 원자력 잠수함. 역자 주)의 취역(commissioning)에 대해서 특별히 공격하는 것처럼, 심지어 19세기 당시에 훨씬 더 논쟁적이라는 것이 증명되었다. 오늘날 낙태법(the Abortion Act)에 대한 반대에 관해서조차도 복음주의 교단들을 하나로 만드는 데 실패하고 있다.

철저한 종파는 순수하게 세속사회가 될 것이라고 믿는 그런 맥락에서, 도덕적 순수성을 유지하기 원하는 기독교인들에게 하나의 선택을 제공한다. 그러나 어제 나의 분석 이후에, 내가 윌슨의 논제(thesis)를 전적으로 신뢰하지 않는다는 것을 여러분에게 알게 하는 데 대해 놀라지 않을 것이다. 만일 우리가 한결같이 세속사회에서가 아니라 파편화된 포스트모던 사회에서 산다면, 엄격하게 세상을 부정하는 종파는 사회에 대한 지나친 반응일 뿐만 아니라 오늘날 독특한 도덕적 자세를 유지하기 위해 여전히 이용할 수 있는 유일한 방법은 결코 아니다. 내가

믿기에, 최소한 세 가지 다른 선택 사항들이 있다 개인적 예언자
(the individual prophet), 교회 간 운동(the interchurch move-
ment), 그리고 전치하는(혹은 가치를 바꾸는) 교회(the trans-
posing Church). 이들 세 가지는 각각 다른 강점들과 약점들을
가지고 있으며, 실로 하나의 전체 속으로 결합될 수는 없다.
그러나, 그것들은 각각 아마도 종파가 파편화된 사회에서 기독
교인들을 돌보기 위한 가장 효과적인 방법은 아닐 것이라고
주장한다.

3.

　개인적 예언자와 교회간 운동은 여러 가지 특성들을 공유하
며, 유용하게 비교될 수 있다. 대개 이 둘은 핵심적인 목적으로
서 하나의 지배적인 도덕적 이슈를 가지고 있다 — 흔히 전통적
인 견해와는 다른 이슈. 오늘날 세상에서 영향력 있는 개인적
예언자는 교회 간 운동을 시작할 수 있다. 고대 세계에서 그런
예언자는 더 전형적으로 종파를 창시했다. 예언자의 사회적
기능에 대해 가장 분명한 형태를 제공한 사회학자는 막스 베버
(Max Weber)이다.[91] 카리스마적 예언자에 대한 그의 개념은
자신이 이상형(ideal Type)이라고 부르는 것이었다. 좀 더 정확

하게 말하면, 그 개념은 그가 실제를 해석하는 데 도움을 주었던 지적 개념이었지만, 실제 세상에서 그 모든 순결성이 필수적으로 존재하지는 않았다. 카리스마적 예언자는 제사장과는 뚜렷하게 구별되어야 했다. 그 예언자는 전형적으로 종교 당국과 기관들에게는 이상하게 보이는 평신도였다. 카리스마적 예언자는 특별하며 자기 스스로 입증할 만한(self-authenticating) 계시를 받았다. 이와 대조적으로, 제사장은 공동체를 통하여 전해져 내려오고 매개된 계시를 유지하면서, 종교 당국과 기관들의 관리자의 역할을 담당했다. 제사장의 직은 자기 입증적인 계시에 의해서가 아니라 종교 당국에 의해서 합법화되었다. 예언자가 급진적이고 성상 파괴적인 반면, 제사장은 본질적으로 보수적이고 공동체를 양육하려는 의도가 있었다. 예언자가 파괴시키는 경향이 있는 반면, 제사장은 치유하는 것에 더욱 관계 되어 있었다. 만일 제사장에 의해 제공된 일종의 돌봄이 돌봄의 공동체들의 환자 보호와 관계되었다면, 예언자에 의해 제공된 돌봄은 새로운 공동체 설립의 형태를 취하거나, 급격하게 변하도록 기존의 공동체들에게 도전하는 형태를 취한다.

제사장과 예언자 사이를 이런 식으로 대조하는 것은 물론 과장된 것이다. 제사장들로서 간주되는 사람들은 때때로 아주

---

91 See Weber, M., *The Sociology of Religion* (1920, trans. Beacon Press, 1963).

파괴적이 될 수 있으며(현재 영국 성공회에서 발견되고 있는 것처럼), 유대인 성경에서 '예언자들'로 간주되는 몇몇 사람들은 또한 컬트(cult)와 관련되어 있다는 사실이 오랫동안 인식되어 왔다. 더욱이, 복잡한 도시 사회 내에서의 효과적인 돌봄은 그 자체로 복잡성과 인접해 있다―흔히 똑같은 사람들로부터 도전과 양육의 계속적인 상호 작용의 혼합을 필요로 하면서. 그러나, 베버의 비평가들은 때때로 그가 그런 날카로운 대조들을 실제에 대한 직접적 묘사들로서가 아니라, 실제를 해석하기 위한 발견적 도구들로서 간주했다는 사실을 잊어버린다. 그것들은 최종 생산물이 아닌 도구들이었다.

이런 식으로 볼 때, 나는 흔히 제사장과 예언자 사이의 이러한 구별이 도움이 된다는 것을 발견했다. 그것은 특히 내가 여러 경우에 사용해 왔던 죠세핀 버틀러(Josephine Butler)의 보기와 잘 조화를 이룬다. 그녀는 한결 같지만 대단히 배려를 잘 하는 개인 그리스도인이 강한 적대감에도 불구하고 어떻게 사회변화에 영향을 미칠 수 있는가에 대한 생생한 보기를 제공해 준다. 사회적으로 적극적인 복음주의자로서 그녀는 가문좋은 집안에서 교육 받았음에도 불구하고, 19세기 전염병 법안에 반대하며 수많은 창녀들의 편이 되어 30여년 동안 캠페인 활동을 벌였다. 전염병 법안은 어떤 지역들에서 매춘의 의심을 받는여성들에게 강제적으로 성병검사를 하도록 요구했다.물론 그 법안은 군인들 사이에 감염을 줄이기 위해 계획되었으나, 버틀러는 그 법안이 남자들 사이에 전염을 줄이는 데 비효과적일 뿐 아니라, 거기에 포함된 여성의 권리를 상당히 침해 했다고 주장했다. 그녀는 그 법안을 폐지하기 위해 끊임없이 노력 했는데, 흔히 극도로 적대적인 모임들에서 말했고, 캠페인 활동을 벌였고 로비를 했다. 만일 그녀가 유럽의 다른 지역과 가장 야심적으로 프랑스에서 이와 비슷한 변화들을 이루어 내려는 시도를 시작 했다면, 프랑스가 마침내 그녀를 좌절시켰을 것이라 생각하니 두렵다.

주목할만하게, 그녀는 이 캠페인을 하는 동안 리버풀 대학의 초대 학장이었으며 후에 윈체스터 성당(Winchester Cathedral)의 공관 거주 케논(canon)이 되었던 영국 성공회 성직자와 결혼했다. 별로 놀랄 것도 없이, 그녀의 사역은 교회에서 권위를 가진 사람들에게 난처하게 여기게 하는 침묵으로 받아들여졌다. 영국 성공회가 성공회 달력에서 그녀의 돌봄의 사역의 중요성을 인식한 것은 백 년의 역사 가운데서 가장 중요한 부분으로 받아들인 것이었다. 그러나, 비록 자신의 교회에서는 철저히 소외 되었지만, 그녀는 이 사역이 자신의 기독교적 소명의 일부란 사실을 줄곧 확신해 왔다. 그녀의 저서들은 자신이 따르지 않으면 안되겠다고 생각했던 자기 입증적인 계시의 고전적 패턴을 보여준다. 진정한 예언자적 스타일에서, 그녀는 자신이 일반적으로 교회 내에서와 빅토리아 시대 중기 사회에서 전통적 의견을 파기해야 하며 창녀들을 위하여 활발하게 일해야 한다고 믿었다. 그녀에게는 이것이 문자 그대로 하나의 소명이었다.

에이즈가 계속 서구 세계에 확산되고 특히 한때 그것이 주로 대중에게 이성애적(heterosexual) 질병이라는 사실이 발견됨에 따라, 창녀들에 대한 억압은 점점 더 추구해야 할 정책들 중의 하나가 될 수 있다.[92] 죠세핀 버틀러의 사역은 다시 한번 아주 교훈적이 될 수 있다. 위험한 상태의 그룹들은 입법부 의원들의 표적들이 잘 될 수 있다. 이와 반대로, 버틀러는 연루된 사람들의 도덕적 행위를 변화시키기를 시도하는 것이 훨씬 더 중요하다는 것을 믿었다. HIV 전염의 오랜 기간의 잠복기는 그가 변호했던 이유를 상당히 강화시켜 줄 수 있다. 전염병에 자유로운 창녀에 대한 연구는 싫증나지 않는 남자의 탐욕에 봉사하기 위해 다른 족장인 엘도라도(El Dorado)로 나타날 수 있다.

물론 죠세핀 버틀러는 그녀 자신의 힘으로 이 모든 것을 성취한 것은 아니었다. 마치 한 세기 전에 노예무역과 싸우기 위해 윌버포스(Wilberforce)에게 협력했던 것처럼, 여러 교회들로부터 비슷한 생각을 가진 사람들이 전염병 법안의 폐지를

---

[92] See my *Christian Ethics in Secular Worlds* (T&T Clark, 1991, chapt.8).

위한 그녀의 캠페인 활동에 동참했다. 20세기 후반부에 교회간 운동(the interchurch Movement)은 확실히 이것과 가장 근접한 병행을 나타내고 있다. 기독교 시.엔.디(Christian CND), 화해를 위한 평화주의자 협력(the PacifistFellowship of Reconciliation), 동물실험에 반대하는 기독교 행동주의자들, 혹은 심지어 게이 기독교 운동(the Gay Christian Movement)조차도 그런 운동들의 보기들로서 나타난다.

특징적으로 교회 간 운동들은 하나의 돌봄의 이유 내에서 연합된 교단을 초월해서 함께 헌신하는 사람들을 이끌어낸다. 다른 측면에서, 그런 운동들의 멤버들은 서로 매우 다를 수 있다. 그래서 일찍 '마음의 습관들(Habits of the Heart)'에서 묘사된 정의들(definitions)의 조건에서 보면, 교회 간 운동들은 아마 그 자체로 공동체들(communities)이라기보다는 더욱 더 라이프스타일 인클레이브들(lifestyle enclaves, 도시의 고립지역들)일 것이다. 반대로, 완전한 종파들은 명백하게 공동체들이다. 교회간 운동의 멤버들은, 비록 그들이 그 이슈에 관해 채택하는 자세가 대개 그들 자신의 교단 내의 다수에게 이상하게 보인다고 하더라도, 전형적으로 단지 한 가지 이슈에 관해 연합되어 있다. 더욱이 이것은 아마도 그들이 그들 자신의 교단 밖에 있는 기독교 기관에 참여 하도록 강요한다고 느끼는 이유일 것이다. 그러나, 진정한 공동체들과는 달리, 교회간 운동들의 멤버들은 다른 측면들에서 특징적으로 상호 의존적이지 않으며, 그 운동들은 스스로 빨리 형성될 수 있고, (한번 그들의 목표가 완수되거나 초과되면) 빨리 사라질 수 있다.

정확하게 개인적 예언자와 교회간 운동이 일반적으로 주류 교회들과 사회와는 다른 도덕적 입장들을 취하는 경향이 있기 때문에, 그들은 역 운동들(counter-movements)을 고무시키는 듯이 보인다. 영국 성공회 내에서 가장 예리한 도덕적 논쟁들 중의 몇몇은 경쟁적인 그룹들로 양극으로 나누어지게 되었다. 토니 힉톤(Tony Higton)은 아마도 게이 기독교 운동(the Gay Christian Movement)에 대해서 그리고 옥스포드 주교는 기독교 시.엔.디(Christian CND)에 대해서 예측할 수 있는 반응일 것이다. 돌봄의 이슈들에 관한 경쟁적 기준들을 캠페인하는 교회 간 운동들은 역 운동들을 고무하도록 기대해야 한다. 핵 금지와 도시 빈곤 같은 경쟁적인 이슈들에 관해서 앵글리칸 보고서들을 뒤따랐던 일련의 책들이 이것에 대한 명백한 증거이다.

그러나, 대부분의 교회 간 운동들은 아마도 단순히 무시되는 것 보다 역반응들을 고무시키려고 한다. 그들의 기본적인 목적은 다른 이들에게 좋게 보이는 것이 아니라, 사회변화에 영향을 미침으로서 돌봄을 행하는 것이다. 이 운동들은 강력한 임무를 가진 자기 의식적인 십자군들이다. 이 운동들은 아마도 폴 람지(Paul Ramsey)가 '우리가 아닌 — 우리는 교회를 변화시키기를 추구하고 있다'에 대한 반박으로, 자신의 더욱 논쟁적인 저서들 가운데 한 권인 그 책에 붙였던—'누가 교회를 대변하는 가?(Who speaks for the Church?)[93]라는 제목에 대한 반응들이다. 포스트모던 사회 그 자체처럼, 그런 운동들은 서로 서로로부터 다른 도덕적 방향들을 끌어 당기면서 파편적이다. 각각의 운동 혹은 인클레이브의 공유하는 목적들은 특별한 영역에서 더욱 돌봄을 행하는 것이며, 다른 곳에서 지배적인 일치로 보여지는 것에 대해 반대하는 동료 신앙인들을 후원하는 것이며, 그 다음에 그러한 일치를 변화시키는 것이다.

4.

돌봄을 위한 마지막 선택은 매우 다른 것이며, 라이프 스타일 인클레이브의 개념보다는 공동체의 개념에 더욱 의존한다. 가치의 전치(transposition of values)라는 개념으로 이러한 선택에 대한 실마리를 제공해 주었던 사람은 베버(Weber)였다. 그 개념은 세계종교들에 관한 자신의 광범위한 저작들을 지배했던 베버의 유명한 논제—흔히 개신교 윤리 논제(Protestant Ethic

---

93 Ramsey, P., *Who Speaks for the Church?* (Abingdon, 1967).

Thesis)[94]라고 불려지는 것에서 나타난다. 나는 이 논제가 너무나 잘 알려져 있어서 여기서 설명할 필요가 없다고 생각한다. 그러나, 본질적으로 이 논제는 종교개혁으로부터 결과된 신학적 변화들과 현대 자본주의의 발전을 가져오게 하는데 도움을 주었던 정신의 부흥 사이에 연결점을 놓았다. 베버는 칼빈주의자가 소명, 선택, 예정을 강조한 것과 초기 자본주의자들의 특징이었던 번영, 정직, 열심히 일함 등의 도덕적 가치들 사이에 연결점을 보았다.

현재 개신교 윤리 논제에 관한 이차문헌(secondary literature)이 아주 많이 있다.[95] 비록 이 논제가 (베버가 만든 그러한 연결 점들을 거의 확신하지 않는) 역사가들에게는 주로 무시되지만, 그것은 여전히 종교사회학자들과 비즈니스학 내에서의 몇몇 사람들에 의해 토론되고 있다. 서구 자본주의가 그 중요한 이데올로기적 경쟁자들을 잃어 버리는 듯하며, 아직 윤리적 딜레마들에 의해 괴롭힘을 당하는 듯이 보이는 바로 그 순간에, 베버가 여전히 많이 논의되고 있다는 것은 아마도 그렇게 놀라운 일이 아닐 것이다. 수많은 비평들과 몇 가지 아주 명백한

---

[94] Weber, M., *The Protestant Ethic and the 'Spirit' of Capitalism* (1904-5, trans. George Allen & Unwin, 1930).

[95] e. g. Marshall, G., *In Search of the Spirit of Capitalism: an Essay on Max Weber's Protestant Ethic Thesis* (Hutchinson, 1982) and Poggi, G., *Calvinism and the Capitalist Spirit* (Macmillan, 1983).

흠집(lacunae)이 있음에도 불구하고, 이 논제는 매력적인 것으로 남아 있다. 고전적 막시즘으로 방향을 돌리면, 현대의 이성주의적 자본주의(rationalistic Capitalism: 단순히 오랜 기간 부를 축적하는 과정과 혼동하지 말아야 하는)는 최소한 그 존재의 일부를 일련의 도덕적 신학적 변화들에 빚지고 있다.

이 논제는 결코 많은 사람들이 상상하는 듯이 보이는 것처럼 그렇게 단순하거나 간단한 문제가 아니었다. 그 논제는 칼빈 자신이 이러한 도덕적 변화들을 이루어야 한다는 것을 신뢰하지 않았다. 차라리 그 논제는 개인적 번영과 근면을 기묘하게 연결 함으로써 베버에 의해 보여졌던 칼빈주의—훨씬 더 미묘한 그 무엇인—가 인식되었다. 그리고 그 논제는 베버의 주의를 사로잡았던 비즈니스 실천에서 정직에 대한 벤자민 프랭클린(Benjamin Franklin)의 공리주의적(utilitarian) 언급이었다. 사적인 정직성이 아니라, 정직성이 인식된 것은 선한 비즈니스를 위해 요구되는 것이었다. 정직성이 인식된 것은 비즈니스적 자신감을 야기시켰으나, 사적으로 그것은 완전히 부정직한 것일 수 있다. 이와 대조적으로, 사적인 것으로 남아 있는 사적 정직성은 문자 그대로 쓸모없는 것이었다. 공적으로 정직한 것으로 인식된 불량배는 비즈니스상 선(good)했을 뿐이었지만, 반면에 사적으로는 양심적이지만 그럼에도 불구하고 공적으로는 의심을 받는 사람은 그렇지(선하지) 않았다. 예를 들면,

일생동안 공적으로 행했던 것으로 자신의 신문 연금 기금으로부터 돈을 흡수하면서 사적 부정직의 모습을 보여주었던 로버트 맥스웰(Robert Maxwell)은 그가 비즈니스 세계에서 어떤 신용을 가질 수 있었을 것이라 상상하기는 어려운 일이다. 지각된 정직(Perceived honesty) ― 비록 그가 도달하지는 못했지만, 분명하게 맥스웰이 열망했고 더욱이 지불했던 것 ― 은 실제로 어떤 진지한 도덕적 의미에서 전혀 정직하게 될 필요가 없는 것이다.

내가 믿기에, 이러한 특별한 가능성은 흔히 윤리학자들에 의해 무시되는 문제를 지적하고 있다. 그것은 지적으로 정화된 관념들보다도 더욱 영향력이 있을 수 있는 관념들이 인식되는 것이다. 대개 학자들은 그들 스스로 비즈니스에서 정화된 관념들 안에 있기 때문에, 그들은 매개된 관념들의 공적 역할을 간과하는 경향이 있었는지도 모른다. 그러나. 사회적으로 더욱 중요한 것은 후자이다. 예를 들면, 세상에서 변화들에 영향을 끼칠 수 있는 것은 순수한 통화주의자(monetarist)나 케인즈주의의(Keynsian) 관념들이 아니라, 처음에 정치가들을 통하여 매개되는 화폐주의자나 케인즈주의의 관념들이다. 소수의 정치가들이 그들 스스로 정치이론가들이기 때문에, 그 개념들은 이러한 매개를 통하여 잘 변화될 수 있다. 한번 이런 식으로 매개되면, 그것들은 지적인 해설가들에게 거의 인식되지 않을 수 있다. 아마 신학적 견해들도 이와 비슷할 것이다. 인식되고 매개된 신학이 결국에는 대부분의 신학자들에 의해 연구되는 신학보다 훨씬 더 영향력이 있을 수 있다. 이제 신학의 이러한 대중화된 버전(version)은 결국에는 학문적으로 '존경할 만한(respectable)' 신학보다도 훨씬 더 사회적으로 영향력이 있을 수 있다.

나는 '신에게 솔직히(Honest to God)'의 사회적 영향력에 관한 나의 초기 저작들에서 이 현상에 대해 어리둥절해졌다.[96] 그때 나는 설명되지 않은 라틴어 어구들이 가득 들어있는 한 권의 책이 1960년대 중반에 그렇게 널리 팔렸어야만 했고, 그런 정열을 불러 일으켜야 했을 것이란 사실에 매혹되었다. 이러한 발견들로부터, 나는 그것이 실제로 이런 엄청난 정열을 불러 일으켰던 것같이 보인 그 책의 실제 내용보다도, 한 주교에 의해 쓰여진 급진적 성향의 책으로 보여진 것에 대한 대중적 인식이었다고 결론을 내렸다. 이와 비슷하게, 오늘날 그것은 실제로 그 책을 읽었던 사단적인 시구들(The Satanic Verses)에 반대하여 항거하는 사소한 규모의 무슬림들일 수 있다. 확실히 대부분의 무슬림들을 분노하게 만든 것은 루시디(Rushdie)의 자극적인 제목이며 그의 배교에 대한 인식이다. 이것과 연결되

---

[96] See my *The Social Context of Theology* (Mowbrays, 1975) and *Theology and Social Structure* (Mowbrays, 1977).

어 있는 것은 의심할 여지 없이 다른 사회적 문화적 요소들이다
—많은 영국 무슬림들의 양면적인 이민자 자격, 인종차별에
대한 역 문화적(counter-cultural) 반응들, 그리고 때때로 명백한
인종차별주의, 파편화된 포스트모더니즘의 맥락에서 새로 형
성된 정통주의, 서구의 타락으로 보여지는 것에 대한 아랍의
적대감들 등. 그러나 인식된 배교의 역할은 서구에서 세속적이
고 학문적인 지식계급을 분명히 당황하게 만드는 것이다. 비극
적으로, 인식들을 변화시키려고 하는 소설가는 문자 그대로
그가 결코 의도하지는 않았지만, 그럼에도 불구하고 그 효과에
있어서 도구적이 되었던 지각들(perceptions)의 죄수가 된다.

　일단 윤리학자들이 단순히 지적으로 명확하게 표현된 가치들
이 아니라 대중적으로 인식된 가치들에 초점을 맞추기 시작하
면, 꽤 신선한 가능성들이 나타난다. 현대 자본주의(더 정확하
게 현대 자본주의들)의 발생에 관한 이슈가 지금 이차 문헌들에
압도되었기 때문에, 베버의 과제는 새로운 영역들에서 더욱
결실이 있는 것 같다. 포스트모던 사회에서는 모든 사람들이
공유하는 종교적 뿌리를 가진 근원적인 가치들이 여전히 존재
한다고 추측될 필요가 없다. 아마도 우리는 오늘날 영국이 너무
나 파편화 되어서 그것을 기대할 수 없을 것이다. 그럼에도
불구하고 여전히 널리 퍼져있는 그러나 주로 그것들을 붙잡는
사람들에게 보이지 않는 가치들이 있을 수 있다. 요컨대, 기독교

적 근원들을 가진 도덕적 가치들─돌봄은 확실히 이런 것들 중의 하나이다─은 사회에 깊이 새겨져 있고, 현재 이러한 근원들을 주로 안중에 두지 않는 많은 사람들에 의해 여전히 지켜질 수 있다. 그보다 더한 것은 만일 이러한 근원들이 다시 한번 우리 사회에서 그들의 의미 내에 포함된다면, 이러한 가치들은 마침내 완전히 이해될 수 있을 것이다.

이 모든 것은 너무나 추상적이다. 아마도 나는 내가 의미하는 바에 대한 작은 예를 들 수 있다. 최근에 나는 약간 달콤한 제목인 '사랑의 선물들(Gifts of Love)'[97]이라는 사순절에 관한 소책자를 발간했다. 이 책은 사순절 책으로 쓰여졌기 때문에 단연코 비기술적인 책이었다. 그러나 그 책에 담겨 있는 주제는 먼저 기술적인 주제로 인식되었다. 그 책이 제안하는 바는 일상의 언어가 여전히 '선물'의 개념을 전달하며, 이 언어는 전형적으로 별난 경험들을 표시 하는 데 사용된다는 것이다. 많은 부모들은 여전히 그들의 첫 아이를 "선물"이라고 말한다. 그들은 그 자녀를 창조하기에는 너무나 미약했으나(여성들에 비해 남성들이 더욱 미약하다) 그것은 하나의 새로운 생명인 선물로서 여기에 있는 것이다. 매우 적절하게, 약어(acronym)

---

[97] *Gifts of Love* (Harper/Collins, 1991).

인 GIFT(game intra-fallopian transfer)는 내가 두 번째 강의에서 언급했던 생명공학의 수단들 중의 하나로 사용되고 있다. GIFT를 통해 임신하는 부모는 이 약어가 특히 적당하다고 느낄 수 있다. 아이를 가지기 위해 수 년 동안 애를 쓴 후에, 마침내 이 기술은 그들이 아이를 가지는 것을 가능하게 해 준다.

더욱이 우리는 여전히 매우 특별한 능력을 가진 사람들—특히, 수학, 예술, 스포츠 분야에서—을 가리켜 흔히 "선물을 받은(gifted)" 것으로 언급한다. 우리는 비범하게 재능 있는 어린이를 보고 약간 놀란다. 그리고 마침내 데이터(data)라는 단어는 자연과학과 사회과학에서 확고하게 나타난다. 주어진 것—아마도 하나님으로부터 주어진 것—으로서의 세상에 대한 관념은 포스터모던 사회에서조차도 여전히 풍부하다.

물론 차용한 기독교 언어와 한때 그것을 양육했던 기독교 공동체들 사이에 필연적인 연결은 없다. 그것은 명백하게 이질적인 정황들 내에서조차도 여전히 생존한다. 추측컨대, 이 과정에서 그것은 더욱더 은유적인 상태를 나타낸다. 그러나, 내가 '사랑의 선물들(Gifts of Love)'이란 책에서 보여주려고 시도한 것은 공동체들 내에서 마침내 완전히 이해되는 선물—언어(gift-language)를 강조하는 경험들에 대한 양면성이 있다는 것이다. 그래서, 상당히 자세하게 사랑의 선물들을 논의한 후에,

나는 그 대신에 독의 선물들(gifts of poison)에로 주의를 돌릴 것이다. 어떤 사회 내에서, 선물 관계들(gift-relationships)은 복잡하고, 때때로 매우 파괴적일 수 있다. 우리가 사랑하는 사람들에 대해 너무나 관대하게 무엇을 줌으로써, 실제로 그들의 생명들을 파괴할 수 있다. 생각 없이 몇몇 북반구의 나라들에게 도움을 주는 것은 실제로 몇몇 남반구의 나라들 내에서의 삶을 더욱 어렵게 만들었다. 한 영역에서 선물(재능)을 받은 개인들은 때때로 다른 영역들에서 완전히 비성숙하고 악할 수 있다(흔히 우리가 작년에 모짜르트에 대해 기억했던 것처럼). 히틀러나 스탈린은 둘 다 다른 사람들을 지배하고 파괴하는 데에 자신들의 선물을 사용했던 매우 '재능 있는(gifted)' 사람들이었다. 적절하게도, 독일어에서 gift란 단어는 '독(poison)'을 의미한다.

나는 선물들(gifts)에 대한 이런 차가운 측면이 그 책의 달콤한 제목으로부터 구해 주기를 희망해 본다. 그것은 또한 신약성경에서 많은 울림들을 발견하는 일상의 경험에서의 양면성을 가리킨다. 공관복음서에서, 예수님은 몇몇은 온화하지만 몇몇은 분명하게 마귀적인 그런 선물들에 둘러싸여 있다. 만일 마태복음 2장에서 동방박사들이 예수님께 '선물'을 가져온다면, 사탄적인 인물은 마태복음 4장에서 선물들을 제공한다. 세 권의 공관복음서 모든 부분에서, 부자청년은 그의 소유들을 나눠주라는 말을 듣지만 그는 그렇게 할 수 없다. 그러나 최후의 만찬에서 예수님은 그의 몸과 그의 피 모두를 주신다. 돌봄 뿐만 아니라 선물들을 위한 이 모든 것의 공동 함의들은 요한 일서 3장에서 명백하게 나타난다. "하나님이 세상을 이처럼 사랑하사 독생자를 주셨으니 이는 저를 믿는 자마다 멸망치 않고 영생을 얻게 하려 하심이니라(요3:16)"

5.

이 강의들에서 나는 기독교 윤리학자들이 대개 세속적 상대 주의와는 매우 대조적으로 유대교 윤리와 무슬림 윤리와 함께 기독교 윤리는 도덕성과 신앙 사이, 그리고 이 둘과 이 둘을 장려하고 유지시키는 도덕 공동체들 사이에 친밀한 연결점이 있다는 것을 공언한다고 주장했다. 전형적으로 그것들은 우리 가 우주를 바라보는 방법과 우리가 그 안에서 양육을 받는 공동체들이 우리가 우리 이웃을 다루어야 하는 방법과 직접적 인 연결을 가지고 있다고 주장한다. 하나님을 사랑하는 것은 우리 이웃을 사랑하는 모든 것과 관련되어 있고, 우리의 이웃을 사랑하는 것은 우리가 하나님을 사랑하는지 아닌지 그리고 하나님을 얼마나 사랑하는지에 관해서 많은 것을 우리에게 알려준다.

세속주의와는 달리, 이러한 신앙 전통들은 대개 궁극적으로 돌보시는 하나님에 의해 창조된 것으로서, 돌보는 개인과 세상 사이에 균형이 있다는 것을 주장한다. 인간을 돌보는 것은 하나님의 돌보심의 표현 혹은 거울로서 보여진다. 그것은 궁극적으로 의미 없는 세상을 거부하려는 용감한 시도가 아니며, 우리가 믿기에 이미 우리를 돌보시는 세상의 창조자에 의해 그렇게 하도록 부름받은 활동이다. 돌봄은 가장 심오한 단계에서 우리가 사물들을 믿는 이유의 표현이다.

더욱 뚜렷하게, 나는 기독교 윤리학이 그리스도 안에서 선(Goodness)과 하나님 되심(Godness)이 함께 융합 되어 있다는 주장을 했다. 그리스도는 우리에게 하나님의 사랑의 선물로서 보여지고, 우리가 행하는 자기 이해를 넘어서는 어떤 선은 우리가 아니라, 우리를 통해서 그리스도께서 일하시는 것이다. 선한 것은 우리가 아니라, 선하신 하나님이시다 그리고 그 분은 그리스도 안에서 우리를 통해 선한 일을행하시는 하나님이시다 기독교인들로써 우리는 하나님의 뜻을 구별하고 하나님의 세상에서 도덕적 존재들로서 우리가 어떻게 신선하게 행동해야만 하는지 숙고하려고 하면서, 우리의 삶에서 특별히 기도에서 더욱 하나님처럼 되기를 추구한다.

나는 궁극적으로 삶이 자신들 스스로를 넘어서는 어떤 목적과 의미가 부족하다고 믿는 많은 이들에게, 돌봄이라는 것이 빠르게 자기이해 안으로 붕괴되어 버린다는 사실은 아마도 그렇게 놀라운 일이 아닐 것이라고 주장했다. 이와 대조적으로, 유대교, 기독교, 이슬람은 그들의 추종자들에게 그들 스스로를 넘어서서 보기를 격려한다. 그것은 그들이 자기이해를 넘어서는 선을 장려하려고 하는 많은 신앙전통들의 특징이며, 그러나 그들이 그러한 선을 사랑의 하나님에 의해 세상이 창조된 방식에 대한 성찰(reflection)로써 간주한다는 것은 이 세 유신론적 전통들의 특징이다. 더욱이, 이 세 전통들 각각은 주로 믿음과 도덕적 비전들이 장려되는 예배 공동체들이라는 것을 강조한다. 이 유신론적 전통들의 스토리들과 신화들, 경전들, 제의들과 예전들은 믿음과 가치들의 강력한 선구자들과 전달자들로서 행할수 있다.

내가 믿기에, 유대교와 기독교와 이슬람에게, 사회에서 특히 효과적인 돌봄에 결정적인 연결 — 논리와 구조들의 연결 — 을 공급해 주는 것은 예배이다. 이들 각각의 전통들 내에서, 이론상으로 돌보시는 하나님(그리고 그들에게 돌봄을 격려하시는 하나님)이 존재한다는 사실을 믿는 개인들은 예배에서 이러한 돌보시는 하나님을 직면하게 된다. 예배에서 우리는 하나님의 임재에로 우리 마음과 정신을 열어서 하나님께 요청하도록, 반대로 이러한 마음과 정신을 형성하도록 초대된다.

예배 내에서 신앙 공동체들에 의해 수행되는 이야기들, 신화들, 성서들, 의식들과 예전들은 그 예배에서 우리가 만나는 하나님에 대한 우리의 살아있는 반응의 일부가 된다. 이렇게 심오한 뜻에서, 그것들은 예배하는 사람들을 위한 새로운 객관적 실재가 된다. 어떤 오래된 이야기들이나 신화들이 되는 것 대신에, 그것들은 우리가 함께 보고 행하는 바로 그 방법들을 형성하도록 되어있는 이야기들과 신화들이다. 예배 내에서는 도덕적 가치들이 예배 바깥에서 보다 더욱 요구되며, 지속적인 모양을 취한다 그것들은 우리가 세상을 보는 바로 그 방법을 변화시킨다. 그리고 예배 그 자체는, 우리가 더욱 더 하나님처럼(God-like) 되기 위하여 세상을 도우러 나가야만 한다는 것을 필요로 하면서, 하나의 돌봄의 형태가 된다.

세속적 언어의 근원들을 명백하게 풀어 놓음으로써, 우리는 이 과정에서 이렇게 더 깊은 어떤 비전을 어렴풋하게 보기 시작한다. 그것이 바로 정확하게 내가 "왜 돌봄인가?(Why Care?)"라는 자극적인 질문을 시도해 보았던 이유이다. 우리는 또한 세속경험의 양면성들이 이러한 근원들 내에서 이미 이해되고 있다는 것을 어렴풋이 볼 수 있다. 도덕 공동체들은 기껏해야 도덕적 지혜의 귀중한 매장물들일 뿐이다. 선물들과 돌봄은 단지 우연의 세상 속에 있는 이상한 것으로서가 아니라, 하나님 안에 있는 세상과 친밀하게 연결된 것으로서 보인다. 우리가 가질 수 있는 어떤 선물들은 이미 우리를 사랑하시는 하나님으로부터의 선물들로 보인다. 그리고, 우리가 타자에게 보여주는 어떤 관심은 돌보시는 하나님께서 이미 우리에게 보여 주셨다. 자기 이해를 넘어서는 선은 행동하셨던 하나님에 의해 창조된 세상의 진정한 목적(telos)과 일치되며, 자기이해를 넘어선 창조 안에서 계속 행동한다. 이런 식으로 보여진 선물들과 돌봄에 대한 우리의 적절한 도덕적 반응은 자랑이 아니라 감사이다.

이 과정에서 겉으로 보기에 세속적 가치들은 신앙 가치들과 신앙 공동체들의 산물들로서 재해석 될 수 있다. 인식된 가치들은 한 때 그 가치들을 형성했고 유지시켰던 공동체들 내에서 새롭게 만들어진다. 내가 믿기로, 돌봄의 적절한 이해의 중심부에 놓여있는 자기이해를 넘어서는 선은 다소간의 도덕적 공백 상태에서 떠돌아 다니는 것이 허락되지 않는다. 그것은 예배 안에 새겨져 있다. 그리고 예배는 신앙 공동체들로부터 유래한다. 그러므로, 신앙 공동체들의 근원들에 가치를 두도록 다른 이들을 격려하는 것과 실천과 신앙 사이의 연결을 탐구하는 것이 신학자의 중요한 기능들 중의 하나가 된다. 이것은 포스트모던 세계에서 쉬운 과제가 아니다. 그러나 그것은, 내가 믿기에, 매우 요구되는 과제이다. 그것은 기독교 윤리학이 거의 시작하지 않았던 과제이다.

:: **지은이** ———

로빈 길(Robin Gill)은 현재 영국 켄트 대학교(The University of Kent at Canterbury) 신학과의 Michael Ramsey 석좌교수 및 켄터베리 대주교의 교육 고문이며 지난 10여 년 간 케임브리지 대학 출판부의 New Studies in Christian Ethics 시리즈의 편집장으로 활동하고 있다. 기독교 윤리학과 종교사회 분야에서 많은 베스트셀러를 저술했으며, 학제간 연구의 대가로 평가받고 있다. 최근의 주요저서로는 본서 이외에 A Textbook of Christian Ethics(1985, 1995, 2002), Theology and Sociology: A Reader(1987, 1996), The Cambridge Companion to Christian Ethics(ed.)(2001, 2002), Changing Worlds: Can the Church Respond?(2002) 등이 있다.

:: **옮긴이** ———

김승호는 영남대 공대와 장신대 신대원(M.Div.)을 졸업하고 영국으로 건너가 버밍엄 대학(M.A.) 및 켄트 대학교(Ph.D)에서 본 서의 저자인 로빈 길(Robin Gill) 교수의 지도 하에 신학을 마쳤다. 현재, 한성교회 담임목사이며 장신대 및 서울장신대에서 강의하고 있다.
역서로는 본서 이외에 『전략적 교회 리더십』(Strategic Church Leadership, 로빈 길 & 데렉버크, 예영커뮤니케이션, 2001)과 『포스트모던 시대의 도덕적 리더십』(Moral Leadership in a Postmodern Age, 로빈 길, 선학사)이 있으며, 저서로는 『현대신학과 기독교 윤리』(공저, 장신대 교회와 사회 연구부 엮음, 예영커뮤니케이션, 2003)가 있다.